Hannelore Krollpfeiffer, 1924 in Berlin geboren, war über dreißig Jahre stellvertretende Chefredakteurin der Frauenzeitschrift »Brigitte«. Sie hat Romane und Jugendbücher sowie »Alleinsein lernen« veröffentlicht. Heute arbeitet sie als freie Journalistin und Autorin.

Von Hannelore Krollpfeiffer ist außerdem erschienen:

Alleinsein lernen (Band 7926)

Dieses Buch wurde auf chlor- und säurefreiem Papier gedruckt.

Umschlaggestaltung Manfred Waller
Umschlagabbildung ZEFA/K + H Benser
Satz Compusatz GmbH, München
Druck und Bindung Elsnerdruck, Berlin
Printed in Germany
ISBN 3-426-82005-6

2 4 5 3 1

Hannelore Krollpfeiffer

Älter werden ist ganz anders

Knaur

Gewidmet meiner lieben Tante Trude,
Jahrgang 1898

Die Unschuld des Alters ist reich. Sie ist gesättigt mit Erfahrung. Sie ist gesättigt mit Scheitern, mit Erfolg; sie ist gesättigt mit richtigem Tun, mit falschem Tun – sie ist gesättigt mit allen möglichen Schiffbrüchen und allen möglichen Erfolgen. Diese Unschuld kann man nicht mit Unwissenheit gleichsetzen; diese Unschuld kann man nur mit Weisheit gleichsetzen.

Osho

Das Alter ist deine eigene Schöpfung. Es kann ein Unglück sein, es kann ein Fest sein. Es kann schiere Verzweiflung sein und es kann ein Tanz sein. Es kommt einzig und allein darauf an, wie tief du die Existenz zu akzeptieren bereit bist – egal was sie bringt. Eines Tages wird sie auch den Tod bringen: Akzeptiere ihn mit Dankbarkeit.

Osho

Die Gefahren des Altgewordenseins: Sich absolut setzen. Ich merke Seltsames an mir. Es ist, wie wenn man ein Wort so oft wiederholt, daß es allmählich fragwürdig und rätselhaft wird, sich zu zersetzen scheint. Ich merke, daß Selbstverständliches für mich ungesichert und fragwürdig wird. (...) Und ich finde zurück zu mir, im Umgang mit dem Bleibenden, mit der Landschaft vor allem. Man kann übersättigt sein an Musik, Dichtung, bildender Kunst, man kann die Menschen und ihr Tun negieren. Die Berge, die Ebenen, die Seen und das Meer, die Bäume und die Jahreszeiten bleiben als große Konstanten, als belebende Zuversicht.

Hans Weigel

Inhalt

1

Die alten Menschen – wer sind die eigentlich?

Die Chancen, nicht alt zu werden, sind gut.
Damit meine ich nicht, daß es der Wissenschaft gelungen ist, das Wundermittel für ewige Jugend zu entdecken. Aber überall in der Welt wird am Untergang unseres Planeten gebastelt, und die Fortschritte in dieser Richtung sind beeindruckend. Der Countdown für den globalen Selbstmord läuft. Wenn die jüngere Generation Wert darauf legt, alt zu werden, wird es für sie höchste Zeit einzugreifen. Am besten natürlich mit Unterstützung der – wie sag ich es nur? – Senioren? Der Betagten? Der alten Menschen? Wie, frage ich, sollen wir uns bloß nennen? Ich wäre ja einfach für »die Alten« im Gegensatz zu »die Jungen«, eine Bezeichnung, die eigentlich niemand übelnimmt. Aber »die Alten« klingt für manche empfindliche Ohren brutal. »Die alten Menschen« hört sich da schon besser an, meinen diese Leute. Meinetwegen, obwohl mir »die Alten« und »die Jungen« – ohne »Menschen« dahinter – besser gefallen. Daß es sich in beiden Fällen um Menschen handelt, darf doch als bekannt vorausgesetzt werden. Für mich klingt dieser menschliche Zusatz so pastoral, so salbungsvoll. Aber gut, lassen wir's bei den alten Menschen.

Das Dumme ist nur: solche pauschalen Bezeichnungen führen zu pauschalem Denken. Alte Leute, junge Leute, gut, es gibt sie, keine Frage. Aber weder die einen noch die anderen lassen sich kategorisieren. Es gibt weder *den* alten noch *den* jungen Menschen, sowenig, wie es *den* Deutschen, *den* Russen oder *den* Amerikaner gibt. Doch *die* alten Menschen sind ein gängiger Sammelbegriff. Vielleicht sogar ein unumgänglicher. Wenn ich mich hier mit einigen Problemen des Älter- und Altwerdens beschäftige, werde ich auch nicht darum herumkommen, ihn zu benutzen. Das ist einfacher und weniger umständlich, als ständig mit Fußnoten und Erklärungen zu arbeiten: »Gemeint ist die Gruppe von Älteren oder Alten, die...« Sprechen wir also ruhig von den alten Menschen, aber hüten wir uns davor zu verallgemeinern. Vor mir liegt ein umfangreiches – und noch nicht abgeschlossenes – Werk mit dem umständlichen Titel »Erster Teilbericht der Sachverständigenkommission zur Erstellung des ersten Altenberichts der Bundesregierung«. Experten sind damit beschäftigt, die Situation älterer und alter Menschen zu untersuchen. Das bisher vorliegende Ergebnis dieser imponierenden Mammutarbeit zeigt: Es gibt gravierende Unterschiede zwischen der Situation von älteren Frauen und älteren Männern, zwischen »jungen« Alten und hochbetagten Alten, zwischen verheirateten und nichtverheirateten älteren Menschen, zwischen alleine und gemeinschaftlich lebenden Älteren.

Wer mit dem Wort »alt« grundsätzlich Hinfälligkeit, Hilfsbedürftigkeit, Siechtum und Reduziertheit verbindet, liegt ebenso falsch wie jemand, der die Senioren generell mit forscher Jugendlichkeit ausstattet. Es gibt sowohl die einen als auch die anderen. Und zwischen diesen beiden Extremen – siech und pflegebedürftig, flott und aktiv – existiert die Masse derer, die von allem ein bißchen sind, zeitweilig krank, zeitweilig munter und einigermaßen beweglich, jedenfalls aber eher unauffällig im Positiven wie im Negativen. Vielen von ihnen fehlt vielleicht nur ein bißchen Zuspruch, Ermunterung, Rükkenstärkung, damit sie sich mehr zutrauen. Es hat ihnen wahrscheinlich noch niemand gesagt, daß sie sich auch mit siebzig nicht unbedingt als Greise empfinden müssen, daß es ihr gutes Recht ist, ihr Leben bis zum letzten Atemzug wirklich zu *leben*. Möglicherweise brauchen sie jemanden, der ihre Fenster putzt und ihnen die schwere Einkaufstasche die Treppe hinaufträgt, aber möglicherweise brauchen sie auch jemanden, der ihnen Mut macht.

Tatsache ist ja immerhin, daß sich im Laufe der Zeit die Grenze, ab wann jemand als alt oder älter eingestuft werden sollte, verschoben hat. Eine repräsentative Umfrage des Allensbach-Instituts von 1988 ergab, daß Frauen etwa ab fünfzig, Männer ab vierundfünfzig (!) zu den Älteren gezählt werden. Damit liegen die Befragten freilich gute zehn Jahre über den von Gerontologen festgelegten Werten – für die Wissenschaftler gehören nämlich Menschen zwischen sechzig und fünfundsiebzig zu den »Älteren«, und erst ab dem fünfundsiebzigsten Lebensjahr gilt jemand als »betagt«. Aber das Ergebnis der Umfrage zeigt wenigstens einen kleinen Fortschritt, wenn man bedenkt, daß noch in den fünfziger Jahren die Frauenzeitschriften »Mode für die Frau ab dreißig« anboten, so, als müsse von diesem Zeitpunkt an der Inhalt des Kleiderschranks streng gesichtet und (aus)sortiert werden. Eine Fünfzigjährige gar hatte sich modisch und auch sonst ihren Jahren entsprechend zurückzuhalten – das aber erwartet heute wohl niemand mehr von ihr, egal, ob sie als »älter« eingestuft wird oder nicht. Von den Sechzigjährigen ganz zu schweigen; die hatten nur noch lieb und gepflegt auszusehen und eine nette Omi zu sein. Seltsamerweise – und daran hat sich, siehe Allensbacher Umfrage, bis heute nichts geändert – begann und beginnt das »Älterwerden« für den Mann später oder eigentlich gar nicht, es wurde stets diskret übergangen oder sogar als Trumpf ausgespielt: der Weltmann mit den grauen Schläfen hat gerade auf junge Frauen eine hohe erotische Anziehungskraft. Während eine Frau des gleichen Alters selbstverständlich nur lächerlich war (ist?), wenn sie sich an einen Jüngeren heranmachte.

Natürlich, da gibt es die tolle Joan Collins und andere anscheinend ewig Jugendliche. Aber sie sind eben Stars! Und es scheint mir bedenklich, daß gerade sie als Beweis dafür herangezogen werden, wie jung eine Frau noch mit fünfzig und jenseits davon ist (oder wenigstens sein kann). Muß das immer noch bewiesen werden? Anscheinend ja. Offenbar dauert es mehrere Generationen, bis es sich herumgesprochen hat, daß das Älterwerden immer später beginnt. Ich drücke mich absichtlich vorsichtig aus, weil die euphorische Behauptung, daß die Alten immer jünger werden, so nicht ganz richtig ist. Nicht alle Alten. (Da haben wir wieder den gefährlich vereinfachenden Sammelbegriff »alte Menschen«.) Aber wahrscheinlich ist es besser, ein wenig zu übertreiben, denn die allgemeinen Altersvorstellungen sind zu festgefahren, nur mühsam läßt sich da alles gleichzeitig korrigieren. Wir alle – auch wir

Älteren und Alten – können nur schwer lassen von unserem Kästchendenken, vielleicht, weil es oberflächlich betrachtet manches vereinfacht. Für Jüngere ist es sowieso viel praktischer, eine Oma zu haben, die diesem Namen Ehre macht und sich glücklich fühlt, wenn sie fürs Grobe einspringen darf. Aber nicht alle Omas von heute sind verfügbar. Viele von ihnen haben einen Beruf oder/und einen eigenen Lebensstil, bei dem für Kinderhüten nur noch wenig Zeit und noch weniger Lust vorhanden ist.

Alte sind nicht mehr das, was sie mal waren – das darf wohl getrost behauptet werden. Schlau schlüpfen sie durch die Maschen des Netzes, mit dem sie möglichst frühzeitig aufs Altenteil bugsiert werden sollen. Nein, mit fünfzig ist man weder alt noch älter, Allensbach in allen Ehren. Sechzig – da laß ich mit mir reden. Der Pensionistenstand rückt näher oder ist für viele bereits erreicht. Das berufliche Aus ist eine Wendemarke. Jede, mag sie noch so quicklebendig und jugendlich sein, wird da, ob sie will oder nicht, mit ihrem Kalender-Alter konfrontiert. Aber die Zahl der Aufmüpfigen, die sich nicht vorschreiben lassen, wann sie sich gefälligst alt oder wenigstens älter zu fühlen haben, wird immer größer, sie drehen den Spieß um, riskieren frohgemut den Sprung in ein neues, oft vergnüglicheres Leben und verjüngen sich dabei, ob das ihren Mitmenschen nun paßt oder nicht. Auf diese Weise können sie locker fünfundsiebzig werden und sich, betagt oder alt oder wie auch immer, noch äußerst lebendig fühlen. Wenn sie allerdings auf dem Weg vom Kino nach Hause ein volltrunkener dreißigjähriger Autofahrer erwischt, wird in der

Zeitungsmeldung vom Unfall einer »alten Dame« die Rede sein. Aber damit muß sie leben (oder sterben).
Das Alter – der große Gleichmacher? Ein offenbar weit verbreiteter Irrtum. Aber nach diesem Prinzip funktionieren zum Beispiel unsere deprimierenden Altenheime. Diese Nivellierung führt im Endeffekt dazu, daß die Insassen einander tatsächlich gleich werden: je nach Temperament aufsässig oder apathisch. In Säuglingsheimen spielt sich oft ähnlich Trostloses ab. Überall dort geschieht das, wo die Individualität des Menschen – sei er alt, sei er jung – mißachtet wird.
Wenn unsere Welt das Jahr 2000 allen Bemühungen der Politiker zum Trotz doch noch erleben sollte, so werden alte Menschen sehr bald die Oberhand haben. Nach der Jahrtausendwende wird es – wie das Statistische Bundesamt weiß – immer mehr Ältere und immer weniger Kinder in Deutschland geben. Der Zusammenschluß DDR-BRD ändert daran nichts, denn auch in der DDR wurden nicht genug Kinder geboren, um den Bevölkerungsstand zu halten: der Schrumpfungsprozeß geht weiter. Für manche Leute mag das eine makabre Vision sein: eine Heerschar gebückter Greisinnen und Greise, die sich schwerfällig durch die Städte schleppt, ein deprimierender Anblick für die wenigen Jungen. Oder werden jene Alten in der Überzahl sein, die sich dem Klischee des alten Menschen hartnäckig und mit Erfolg widersetzen?
Es wird davon abhängen, was diese zukünftigen Alten aus ihrem Leben gemacht haben, solange sie jung waren. Genau das ist das Kriterium – heute wie gestern und morgen. Wie wir mit dem Prozeß des Alterns fertig werden, hängt nicht davon ab, welches Wundermittel uns die

Wissenschaftler und die Kosmetikindustrie anzubieten haben. Es ist keine Frage, daß wir eine Menge für unser Aussehen und unser Wohlbefinden, unsere Gesundheit, tun können. Aber wie sollen wir uns mit dem Altern abfinden, wenn wir bis zu diesem Zeitpunkt überhaupt nicht gelebt, sondern nur funktioniert haben? Wenn uns die große Torschlußpanik erwischt: Was habe ich alles versäumt? Schauen wir uns die Gesichter von Siebzig- und Achtzigjährigen an – sie sagen viel aus. Da ist keineswegs Falte gleich Falte, es gibt fröhliche und grämliche Runzeln, einen verbitterten und einen immer noch heiteren Mund. Meine zweiundneunzigjährige Tante Trude hat das zufriedene Pausbackengesicht eines satten Säuglings – sie war und ist zufrieden, trotz immer stärker schmerzender Knochen und wachsender Unbeweglichkeit, sie hat sich ihres Lebens gefreut, obwohl es so heiter durchaus nicht immer war. Nun sieht sie keinen Grund, mit dem Alter zu hadern, und ihren neunzigsten Geburtstag feierte sie ganz groß mit unzähligen Neffen, Nichten und deren Familien – eigene Kinder hat sie nicht. Aber viele Menschen, die sie gern haben! Sie ist eine glückliche Frau, nicht erst seit gestern.

Das Alter zu akzeptieren setzt ein gelebtes Leben voraus. Merkwürdig, daß es in Todesanzeigen immer heißt: »Nach einem erfüllten Leben entschlief...« Erfüllt? Womit denn? Mit Aufopferung für die anderen? Auch davon ist in Todesanzeigen oft die Rede, so, als sei das eine Auszeichnung des Toten. War das Leben wirklich erfüllt oder nur ausgefüllt? Mit dem Pflichtpensum, das ein anständiger, ordentlicher Mensch zu erledigen hat? Zu behaupten, der liebe Entschlafene habe ein erfülltes Leben gehabt, empfinde ich als Anmaßung. »Ausgefüllt« wäre die richtigere Formulierung, aber das klingt natürlich nicht so edel. Schöner wäre es, wenn gesagt werden könnte, dieses Leben sei gelebt worden. Doch es wird nie gesagt, wahrscheinlich, weil das so klingt, als habe der Verstorbene richtigen Spaß an seinem Leben gehabt. Selbst wenn es so gewesen sein mag, wäre das ein wenig ehrenhafter Nachruf. Spaß am Leben! Wo kämen wir denn da hin?

Wir kämen auf den richtigen Weg. Wir würden altern ohne das bedrückende Gefühl, Wichtiges versäumt zu haben, das sich nun gar nicht mehr oder nur noch mit Krampf nachholen läßt. Wer sein Leben gelebt hat – mit allen Hochs und Tiefs, die das mit sich bringt –, wird dem Ende gelassen entgegensehen, gelassener jedenfalls als einer, der sich nie getraut hat, etwas zu riskieren. Wer immer nur für andere da war, dessen Leben ist zwar ganz sicher nützlich und ausgefüllt gewesen, aber erfüllt war es nicht. Er selbst ist mit Sicherheit dabei zu kurz gekommen. Und wer im Leben zu kurz gekommen ist, durch wessen Schuld auch immer, der tut sich schwer mit dem Gedanken, daß er es in überschaubarer Zeit wird loslassen müssen.

Daß wir alt werden, läßt sich nicht vermeiden. *Wie* wir alt werden, liegt an uns. Eben deshalb altert jeder verschieden und zu ganz unterschiedlichen Zeiten. Am Institut für Gerontologie der Universität von Pennsylvania haben Forscher herausgefunden, daß die Leute in Schüben altern. Plötzliche familiäre oder sonstige persönliche Schicksalsschläge lassen Menschen tatsächlich sozusagen über Nacht altern. Aber auch ein langweiliges, eintöniges Leben ohne geistige Anregung beschleunigt den Alterungsprozeß, haben die Wissenschaftler festgestellt. Die Neugierigen, die immer wieder Lust haben, ihr Leben zu verändern, bleiben länger jung. Das tatsächliche Alter sagt also gar nichts. Alt ist nicht gleich alt und war es nie. Schon deshalb nicht, weil jeder das Alter anders empfindet. Der französische Philosoph Bernard le Bovier de Fontanelle legte vor seinem hundertsten Geburtstag das rührende Bekenntnis ab: »Ich fühle nichts als eine gewisse Schwierigkeit zu existieren.« Bald darauf starb er. Voltaire, dem offenbar kein Leiden erspart geblieben war, faßte mit einundachtzig zusammen: »Es stimmt, ich bin etwas taub, etwas blind und etwas impotent, und das alles wird von drei oder vier abscheulichen Gebrechen gekrönt. Aber nichts hindert mich zu hoffen.«

In einem der witzigsten Essays, die in unserer Zeit über das Altern geschrieben wurden, zitiert Dorothea Friedrich noch mehr Äußerungen berühmter Alter. André Gide verdroß sein Altwerden so, daß er nur noch beim Rasieren in den Spiegel schaute. Ihn freute gar nicht, was er da sah: »... Augenfalten, die hohlen Wangen, der erloschene Blick... Ich sehe zum Fürchten aus, und das verstimmt mich.« Mit beneidenswerter Gelassenheit nahm dagegen Paul Claudel die Tatsachen zur Kenntnis: »Achtzig Jahre! Keine Augen mehr, keine Ohren mehr, keine Zähne mehr, keine Beine mehr, kein Atem mehr! Und das Erstaunliche ist, daß man letztlich auch ohne das alles auskommt!« Das ist die richtige Einstellung; meine Tante Trude würde Claudel begeistert zustimmen.

Andere Achtzigjährige werden ihre Situation gewiß ganz anders sehen, weniger abgeklärt und weise, und warum sollten sie nicht? Die Mär von den weisen Greisen ist wirklich nur eine Mär. Und dann gibt es die Achtzigjährigen, die vom Leben offenbar besonders begünstigt worden sind: Sie verfügen immer noch über bemerkenswert gut funktionierende Augen, Ohren, Beine, und auch ihr Verstand ist durchaus noch nicht altersschwach. Viele dieser Glücklichen sind berühmte Schauspielerinnen und Schauspieler. Sie stehen immer noch auf der Bühne und haben offenbar durchaus nicht die Absicht, sich zur Ruhe zu setzen. Das Publikum feiert sie begeistert, wann und wo sie auch erscheinen mögen (und sie erscheinen häufig!). Greise? Den Jahren nach schon. Aber doch nicht vergreist. Alte, betagte Menschen. Doch eine besondere Spezies.

Natürlich, Künstler, noch dazu erfolgreiche und berühmte, haben anderen Alten etwas Wichtiges voraus: ihr Beruf, den sie nicht wie andere spätestens mit fünfundsechzig aufgeben müssen, zwingt sie bis ins hohe Alter zu Disziplin und verlangt ihnen geistige Beweglichkeit ab; sie können sich keine Nachlässigkeit erlauben, sie müssen fit bleiben – und auf diese Weise auch länger jung. Andere könnten das wohl auch: sich nicht gehenlassen, auf Gesundheit und Figur achten, für geistige Anregung sorgen. Nur tun das viele eben nicht, aus den unterschiedlichsten Gründen, und es sind bestimmt auch überzeugende Gründe dabei.

Wenn schon Achtzigjährige nicht miteinander vergleichbar sind, wieviel weniger sind es dann die jüngeren Alten, die »Älteren«! *Die* Sechzigjährigen gibt es schon gar nicht. Die schicke Verkäuferin in dem Modegeschäft, dessen Stammkundin ich bin, verriet mir kürzlich, daß sie in diesem Jahr sechzig werde. Ich hatte sie glatt für mindestens zehn Jahre jünger gehalten. Und ganz bestimmt ist sie weder geliftet, noch hat sie Zeit für aufwendige kosmetische Behandlungen. Sie treibt ein bißchen Sport und ernährt sich einigermaßen gesund – und dann hat sie natürlich eine Arbeit, die ihr Spaß macht. Gewiß sind nicht alle Sechzigjährigen so. Es gibt die verschiedensten Typen von Frauen dieses Jahrgangs, aber *die* Sechzigerin gibt es nicht. Etwa mit vierzig sagte ich zu einer Kollegin: »Ich freu mich schon auf den Tag, wo es mir wurscht ist, wieviel ich wiege. Wenn ich sechzig bin, fange ich an, hemmungslos zu fressen.«

Von wegen. Als ich dann doch mehr zunahm, als mir lieb war, machte ich die erste Diätkur meines Lebens. Hatte ich wirklich zwanzig Jahre früher gedacht, ab sechzig wär es mir egal, wie ich aussähe? Dann hatte ich mich ganz schön geirrt. So eine Sechzigerin war ich. Ich kenne auch andere. Aber genaugenommen hat sich keine von uns mit sechzig wirklich verändert, ihre Lebensgewohnheiten sind ziemlich dieselben geblieben, gewisse Merkmale treten höchstens ausgeprägter in Erscheinung. Wir sind immer noch, was wir waren, wir sehen nur nicht mehr so jung aus wie früher…

Daß Alter ein sehr relativer Begriff ist, zeigte sich, als die UNO 1982 plante, ein »Jahr der Alten« zu veranstalten. Die Länder der Dritten Welt hatten kein Verständnis für diese Idee; sie war nur für die westlichen Industriestaaten interessant. Eine weltweite Beschäftigung mit den Problemen der über Sechzigjährigen berührte die Dritte Welt überhaupt nicht, weil dort nur eine Minderheit der Bevölkerung dieses Alter erreicht. In vielen sogenannten Entwicklungsländern gilt schon als bemerkenswert alt, wer die Fünfzig schafft, mehr als die Hälfte der Menschen dort ist unter zwanzig. Aus dem »Jahr der Alten« wurde nichts, es schrumpfte auf eine Konferenz zusammen, die sich mit den Fragen des Alterns beschäftigte. Bis zum Jahr 2025, so meinen Experten, wird es allerdings auch in den Entwicklungsländern reichlich »echte« Alte geben, vermutlich mehr als Babys: Resultat einer allmählich greifenden Geburtenregelung und besserer medizinischer und hygienischer Versorgung.

Es hilft ihr nichts, die Welt wird sich damit abfinden müssen, daß die Alten stark im Kommen sind. Wohlgemerkt, die unterschiedlichsten Alten: »vitale junge Alte« und »hilfsbedürftige alte Alte« (Terminus der Alternsforschung). Aus den USA kommen schönere Wortschöpfungen: die Woopies (well-off older people = wohlhabende ältere Leute), die Yollies (young old leisurely living people = jung gebliebene gemütliche Alte), die Selpies (second-life people) und die Grumpies (grown-up mature people = erwachsene, reife Menschen). Leider stammt von dort auch der Begriff »ageism«, dem unrühmlichen »racism« nachgekupfert: eine ablehnende, feindselige Haltung gegenüber allem, was »old« ist – ein absolut negativ besetztes Wort. Es gibt also hüben wie drüben die gleichen Vorurteile; diese »Vorurteile gegen das Alter, die jeden über sechzig als nahezu bewegungsunfähig abstempeln«, wie es Dorothea Friedrich in ihrem Essay nennt. Doch auch Positives ist zu verzeichnen: Die unermüdlichen Allensbacher haben zum Beispiel durch Umfragen ermittelt, daß gegenüber den Alten in der Bevölkerung »eine freundliche Grundstimmung« herrscht. Und noch etwas, das in erster Linie die Zukunfts-Alten betrifft: Die über Achtzigjährigen von morgen und übermorgen werden aller Voraussicht nach weniger pflegebedürftig und gebrechlich sein als ein nicht unwesentlicher Prozentsatz der heute Hochbetagten (achtundzwanzig Prozent). Die mittlere Generation unserer Tage lebt gesundheitsbewußter und kann eine bessere medizinische Vorsorge betreiben als diejenigen, die zwei Weltkriege und Mangelernährung erleben mußten. Die Voraussetzungen für ein gesundes Alter, so meinen Wissenschaftler (natürlich gibt es auch Gegenstimmen), sind also eher gegeben.

Wir Älteren und Alten von heute müssen uns leider mit dem Ist-Zustand abfinden. Und damit, daß trotz »freundlicher Grundstimmung« unser Image immer noch zu wünschen übrigläßt. Die Alten. Eine so taperig wie die andere, im Medizinerjargon als »komplett abgebaut« diskriminiert. Lauter Häufchen Elend, die hilflos darauf angewiesen sind, versorgt zu werden. Ist das immer noch das Bild, das sich die Welt – im großen und ganzen – von uns macht?

Wir sollten ihr was husten.

2

Jede ist anders alt

»Das Topfhutgeschwader« nannte mein Vater eine gewisse Sorte älterer Frauen, die alle die gleiche seltsam ungetümliche Art von Kopfbedeckung zu tragen pflegten: damals waren es, der Mode entsprechend (wenn hier von Mode überhaupt die Rede sein kann), topfähnliche Gebilde. Heute sind es eher formlose Mützen und ballonähnliche Kappen aus einem schwer definierbaren, festen Material von ebenfalls unbestimmbarer Farbe. Ist es ein verwaschenes Braun oder eher ein bräunliches Grau? Kappen und Mützen dieser Sorte passen sich der Frisur ihrer Trägerin naht- und übergangslos an; es scheint so, als sei die Kappenfrau mit ihrer Kopfbedeckung unlösbar verwachsen, als würde sie mit der Kappe auch ihren Kopf abnehmen.

Vertreterinnen des Topfhutgeschwaders begegne ich regelmäßig, wenn ich zwischen zwölf und eins aus meinem Vorort im Norden Hamburgs mit dem Bus in die Stadt fahre. An jeder Haltestelle steigt mindestens eine zu. Manche kennen einander und führen halblaute Gespräche. Die eine oder andere ist gehbehindert und hat es nicht leicht, in den Bus zu steigen, und wenn sie Pech hat, ist der

Invalidensitz gleich an der Eingangstür schon von jemandem besetzt, der ebenfalls Anspruch auf diesen Platz hat. Aber es gibt selten Auseinandersetzungen deshalb. Meist ist der Bus auch nur mäßig besetzt. Zwischen zwölf und eins fahren kaum noch Berufstätige. Wir alten Frauen sind unter uns – höchstens ein paar Schüler steigen noch ein.
Ich gebe zu: Wenn ich die Topfhutgeschwaderfrauen so betrachte, fühle ich mich ziemlich alt. Und unbehaglich. So möchte ich nicht aussehen. So möchte ich nicht sein. Gut, ich trage weder Mütze noch Kappe der speziellen Art, sondern einen kleinen, wie ich finde, modischen Hut. Aber das Topfhutgeschwader verdirbt sozusagen die Preise. Das heißt, es steuert viel zur weitverbreiteten Meinung bei, so seien alte Frauen nun eben: auf dem Kopf ein Topfhutgebilde, an den Füßen Gesundheitsschuhe. So sehen sie halt aus, die alten Damen.
Glücklicherweise steigt dann irgendwann eine Frau ein, die außer dem Alter nichts mit dem Topfhutgeschwader gemein hat. In Jeans, Parka, Sportschuhen, hutlos, die grauen Haare flott kurzgeschnitten. Kaum, daß sie im Bus ist, vertieft sie sich in den »Spiegel«. Inzwischen ist es so voll geworden, daß sie keinen Sitz mehr kriegt, aber sie steht da wie eine Eins und ermutigt niemanden, ihr seinen Platz anzubieten. Ich atme auf. Ich fühle mich wieder jünger. Die Frau in Jeans steigt bald aus, drängelt sich jugendlich forsch zum Eingang (wo eigentlich nicht ausgestiegen werden darf). Auch das Topfhutgeschwader hat sich allmählich aufgelöst.
Wir sind jetzt mitten in der Stadt, die Fahrgästeschar wird bunter, eleganter und verjüngt sich. Zwar steigen immer noch auch alte Frauen ein, aber sie sehen ganz anders aus.

Zum Beispiel wie die Dame mit dem Pudel. Sie hält ihn im Arm wie ein Baby und steuert sofort den Invalidenplatz am Eingang an. Niemals hat die einen Ausweis! Auch sie trägt eine Kappe, aber eine modisch schicke mit Glitzerbrosche. Über den engen Gabardinehosen eine Rotfuchsjacke, und das ist bestimmt nicht ihr einziger Pelz, Umweltschützer würden schäumen, wenn die ihren Kleiderschrank öffnete... Die knapp geschnittenen Stiefel passen genau zu diesem Outfit. Richtig sensationell aber sind ihre Wollhandschuhe. Jeder Finger ist in einer anderen Knallfarbe gestrickt, und die Fingerspitzen sind blutrot. Alle gucken hin. Natürlich hat die Pudeldame ein gekonntes Make-up aufgelegt. Das sehe ich trotz des hohen Pelzkragens. Und ich sehe auch sehr wohl, daß diese Frau im Allgemeinverständnis eine alte Frau ist, etwa jahrgangsgleich mit dem Topfhutgeschwader und der Frau in den Jeans (und mit mir).
Okay, wir sind alt. Aber jede von uns macht was anderes draus (und aus sich). Das Topfhutgeschwader hat seinen Stil gefunden, ob er mir nun gefällt oder nicht, ebenso wie die Pudeldame, die Jeansfrau und ich. Dabei geht es ja durchaus nicht nur um Mode. Es geht um Lebensstil und Lebensgefühl, und die Mode, die wir tragen, drückt beides aus. Klar, die Pudeldame hat mehr Geld und kann sich eine teurere Garderobe leisten als das Topfhutgeschwader. Aber es ist nicht nur eine Geldfrage. Ich bin sicher, die Topfhutgeschwaderfrauen würden auch dann nicht erheblich anders aussehen, wenn ihnen für ihr Mode-Budget reichlich Geld zur Verfügung stünde.
Jede ist anders alt. *Jeder* natürlich auch, aber Männer haben meist nicht soviel Spaß an Mode. Je älter sie werden,

desto wurschtiger gehen sie mit ihrem Äußeren um, egal, was sie anziehen, wenn es nur bequem ist. Wann stellt sich ein Mann schon mal die Frage, ob er dieses oder jenes in seinem Alter noch tragen kann? Ja, vielleicht stellt er sie sich, aber sie ist ihm überhaupt nicht wichtig. Interessanterweise achtet die Umwelt ja auch weniger auf *sein* Äußeres, wogegen unsere Mitmenschen stets gern zur Kritik bereit sind, wenn eine alte Frau sich modisch unangepaßt verhält: Also ein Minirock steht der doch nun wirklich nicht mehr! Babyrosa, das muß ja nicht sein! Ob sie denkt, sie sieht jünger aus, wenn sie sich so anmalt?
Wohl denen, die sich über solche Häme hinwegsetzen! Und tatsächlich tun das schon viele, und es werden immer mehr. Das bedeutet zum Glück nicht, daß wir alle dem gleichen Stil verfallen. Wir bleiben Individualistinnen. Auch dann, wenn wir uns für den gewissen klassischen Trend entschieden haben – zum Beispiel für den Typ »feine alte Dame«. Die feine alte Dame ist wirklich eine Klassikerin, eine, die sich ein bißchen konservativ, aber nie ohne Geschmack anzieht. Sie bevorzugt wenigen, häufig echten und alten Schmuck, der an ihr kostbar aussieht, auch wenn er das gar nicht ist. Sogar Modeschmuck, den sie durchaus nicht ablehnt, wenn er zu ihr paßt, wirkt an ihr ungeheuer edel. Die feine alte Dame kauft nicht etwa in teuren Boutiquen, höchstens beim Ausverkauf oder bei Sonderangeboten: »fein« ist nicht gleichzusetzen mit »vermögend«. Sie hat einfach ein Händchen für Sachen, die elegant aussehen. Ob es nun das unsterbliche Hemdblusenkleid oder eine Rock-Pullover-Kombination ist: es stimmt total an ihr. Man wird sie nie in etwas Grellem, zu Buntem, Gewagtem oder allzu Mo-

dischem sehen, das ist ihre Sache nicht, sie würde sich darin verkleidet und unbehaglich fühlen, obwohl es ihr an anderen Gleichaltrigen gefällt. Töchter und Enkelinnen solcher feinen alten Damen reden ihren Müttern/Großmüttern manchmal zu, doch etwas mutiger zu sein, aber das fruchtet nicht, wie es ein paar Jahre früher umgekehrt ja auch nie fruchtete... Schwarze Samtleggins zu einem Rock in eben noch kniebedeckender Länge sind das Äußerste, was feine alte Damen sich an modischer Extravaganz gestatten. Und warum auch? Sie sind, wie sie sind. Sie lesen Jane Austen lieber als Elfriede Jelinek, amüsieren sich bestens in Boulevardkomödien und mögen weder Horrorfilme noch schwarzen Humor. Wenn es in einem Film erotisch prickelt, sagt ihnen das zu, ausgedehnte Bettszenen sind ihnen unsympathisch. Feine alten Damen reden ihnen nicht namentlich bekannte andere feine alte Damen mit »Gnädige Frau« an, und ich schwöre, es klingt bei ihnen nicht einmal lächerlich. Sie achten auf ihre Figur, aber ohne sich zu kasteien; Vegetarismus in seiner reinsten Form halten sie für übertrieben, und ohne Kaffee kommen sie nicht aus – es gibt natürlich auch eingeschworene Teetrinkerinnen unter ihnen. Selbstverständlich können sie Auto fahren und tun es immer noch. Wenn sie verheiratet sind, umsorgen sie ihren Mann, aber sie lassen sich auch gerne verwöhnen. Ihre Wohnung ist ein Schmuckkästchen. Politisch sind sie konservativ-liberal und nicht ohne patriotische Gefühle.

Wenn ich einem besonders ausgeprägten Typ der feinen alten Dame begegne, wünsche ich mir manchmal, auch so zu sein, obwohl ich ihre Weltanschauung in kaum einem einzigen Punkt teile. Aber ihre Unerschütterlichkeit imponiert mir: sie halten ihre Position für die einzig richtige, und daran wird sich bis zu ihrem Tode (sie können sehr alt werden und sind dann immer noch entzückend) nichts ändern. Doch zur feinen alten Dame muß man – übrigens unabhängig von der Herkunft – geboren sein. Ich bin es nicht.

Ein zweiter Typ tritt – ebenfalls in vielen Spielarten – ebenso häufig auf: die Burschikos-Resolute. Einer Frau dieses Typs ist es im Gegensatz zur Klassikerin anscheinend ziemlich egal, wie sie aussieht. Ist sie schlank – gut. Ist sie dick – auch gut. Sie pfeift darauf, Diät zu halten, aber sie ernährt sich vernünftig und ist der Meinung, daß Kernseife und Niveacreme zur Hautpflege mehr als genug sind. Sie bevorzugt Röcke und vor allem Hosen aus strapazierfähigem Material und ebensolche Blusen und Pullover. Nichts an ihrer Garderobe ist in irgendeiner Weise auffällig, weder im negativen noch im positiven Sinn. Doch man täusche sich nicht: Sie legt Wert auf Qualität. Die allein ist ihr wichtig. Modisch oder gar schick müssen ihre Klamotten nicht sein, aber aus möglichst erstklassigem Material. Die Burschikos-Resolute trägt ihre Sachen sozusagen ewig und ist stolz darauf. Wird sie tatsächlich mal auf ein Kleidungsstück angesprochen, antwortet sie prompt: »Den Mantel? Den hab ich seit einundzwanzig Jahren. Toller Stoff, was?« Alte Damen dieses Typs haben mannigfache Interessen: Sie gehen für Soziales immer noch auf die Barrikaden und/oder engagieren sich politisch, sie haben viel Sinn für Kultur, lesen (aber wenig Belletristik) gern, manche von ihnen gehen vorzugsweise in Oper und Konzerte, andere stehen mehr auf Schauspiel und Vorträge. Zimperlich ist dieser

Typ nicht. Wehwehchen läßt sich die Burschikos-Resolute nicht durchgehen. Sie wird hervorragend allein fertig, wenn sie keinen Partner hat. Junge Leute schwören auf sie, an Freundschaften hat sie nie Mangel. Falls sie Auto fährt, tut sie das rasant, aber das Fahrrad ist ihr lieber, und im Sommer macht sie Ferien in den Bergen, um zu wandern.

Und schon ertappe ich mich dabei, daß auch ich anfange, in Kategorien zu denken. Die Klassisch-Elegante, die Burschikose, das Topfhutgeschwader... will ich die wirklich jede in ihr Kästchen tun? Nein, nicht wirklich. Denn tatsächlich gibt es ja von Typ zu Typ fließende Übergänge; jede kann etwas von jeder haben. Die Topfhutgeschwaderfrau mag durchaus burschikos und resolut sein, die Klassisch-Elegante muß nicht nur schöngeistige Interessen haben, und außer diesen drei allerdings besonders ausgeprägten Typen gibt es noch unzählige andere.

Wer sich einen Überblick verschaffen will, braucht bloß mal in eine normale Abonnenten-Opernaufführung zu gehen. Da haben wir fast jeden Typ beisammen: die süße alte Dame im schwarzen, modischen Samtkleid mit weißem Spitzenkrägelchen, dito Manschetten und Perlenkette, in den zarten Ohren Brillis, schmeichelhaft frisiertes weißes Haar. Und da ist auch die Burschikose mit einer durablen dunklen Hose mit ebensolchem Pullover, der ein paar Glitzerfäden enthält. Da sind sie, die Unscheinbar-Zurückhaltenden vom Topfhutgeschwader, jetzt in Kleidern, die von mittelalterlichen Verkäuferinnen mit »Das können Sie auch abends tragen« angepriesen werden. Und da sind auch ganz gewiß ein paar von denen, die sich – dessen unbewußt oder nicht – an alten Hollywoodstars orientieren: heftig blondiert, etwas regenbogenfarbig Glitzerndes als Bluse, Kleid oder Pullover, hohe Schuhe, viel Schminke. Lauter Pudel-Damen. Manchmal haben sie auch noch eine Kleinigkeit aus Nerz dabei (die fünfziger Jahre lassen grüßen). Aber dazwischen solche, die sich nicht einfügen lassen, die kein Raster erwischt, die beneidenswert Alterslosen, die keine künstliche Verjüngung brauchen und die ebensogut fünfundfünfzig wie achtundsechzig sein können...

Und die Opernbesucherinnen bilden immerhin eine spezielle Interessengruppe. Aber selbst das uniformiert sie nicht. Lauter alte Frauen, gewiß. Doch in welchen Variationen! Und es ist hier wie überall. Wer nicht nur in einem Opernfoyer, sondern auch sonst ein wenig genauer hinsieht, stellt fest: Alles ist möglich, auch noch von Sechzig aufwärts. Wir sind, zum Glück, lauter Unikate, zu welchem Typ auch immer wir neigen mögen, zu den grauen Mäusen mit Topfhütenkappen oder zu den ulkigen Schrillen vom Schlag einer Lotti Huber. Wenn es den Einheitstyp *der* alten Frau je gegeben hat, was ich bezweifle, so hat er sich jedenfalls inzwischen überlebt. Auch wenn sich das noch nicht bei allen herumgesprochen hat. Ein Paradebeispiel dafür, wie unterschiedlich alte Frauen (nicht nur in modischer Hinsicht) sein können, sind die Schauspielerinnen Steffie und Camilla Spira, Schwestern, deren Schicksal sich in manchem ähnelt. Aber jede hat etwas total anderes aus ihrem Alter (und ihrem Äußeren) gemacht. Wo immer sie gemeinsam in der Öffentlichkeit erscheinen, ist ihnen die Be- und Verwunderung eines oft jungen Publikums sicher: Toll, was man noch alles aus sich machen kann, auch wenn man alt ist!

Was uns, finde ich, fehlt, ist eine alte Jackie Kennedy – eine echt alte, auf jeden Fall über siebzig. Die würde unser Ansehen mächtig heben. Die richtige Jackie Kennedy hat durch ihr Aussehen und Auftreten in den frühen sechziger Jahren wahrscheinlich mehr für das neue Image der Dreißigjährigen getan als irgendwer sonst. Eine Siebzigerin gleichen Formats müßte her! Aber anscheinend ist die Zeit dafür noch nicht reif. Es gibt zwar ganz fabelhafte, tüchtige, imponierende, kluge und auf ihre Art attraktive alte Frauen unter der Prominenz, aber ein Paradiesvogel ist nicht dabei. Die heutigen amerikanischen Politikerfrauen sehen so bieder aus, daß Queen Elizabeths Hüte im Vergleich richtig schrill wirken. Und die wenigen deutschen alten Damen in der Politik sind so überirdisch unauffällig.

Die unvergeßliche Ruth Gordon (»Harold und Maude«) hat als Maude das Nullachtfünfzehnbild, das sich unsere Mitmenschen von würdigen Greisinnen machen, wenigstens schon etwas angekratzt. Leider führte auch das wieder zu Mißverständnissen. Nun geht das Schlagwort von den »neuen Alten« um, und damit ist wieder ein Vorurteil mehr in die Welt gesetzt. Wozu müssen wir neu sein? Es gibt genug Neues. Laßt uns doch bitte einfach alt sein, liebe Leute. Aber jede nach ihrer Fasson.

3

Die lieben Alten und die böse Familie

Schwiegermütter sind schon lange nicht mehr böse. Die angeblich herrische Übermutter hat als Witzfigur ausgespielt, auch der Mißgünstigste weiß inzwischen, daß dieses Bild restlos antiquiert ist. Im Gegenteil, Schwiegermütter und Schwiegerväter erfreuen sich wachsender Beliebtheit. Natürlich auch, weil sie sich im allgemeinen immer noch gern und bereitwillig um die Enkelkinder kümmern, wenn das erwünscht ist. Aber darüber hinaus gibt es zwischen den Alten und den Jungen viel Sympathie und regelrechte Freundschaften, ungeachtet des Altersunterschieds. Das gilt nicht nur für die Beziehungen zwischen Schwiegereltern und Schwiegerkindern. Manche patente Oma, manche nette Tante, egal, wie alt sie ist, wird ins gesellige Familienleben auch dort einbezogen, wo das nicht nur eine Pflichtübung ist. Die ältere Generation, sofern sie nicht mit erhobenem Zeigefinger besserwisserisch an den Jungen herummäkelt, wird gern akzeptiert. Aber irgendwann kommt der kritische Moment.
Opa und Oma, bis vor kurzem noch in jeder Beziehung quick und geistig rege, werden allein nicht mehr fertig. Das geschieht meist nicht von heute auf morgen, die

Entwicklung hat sich seit langem angebahnt. Aber niemand hat das so recht wahrhaben und wahrnehmen wollen; Opa und Oma selbst schon gar nicht. Sie behaupten ja auch jetzt immer noch, sie kämen bestens zurecht, obwohl Sohn und Schwiegertochter sich erst beim letzten Besuch davon überzeugen mußten, daß das nicht stimmt: Im Kühlschrank lag Vergammeltes, eine Herdplatte war nicht ausgeschaltet, das Bad war schmutzig, der Mülleimer quoll über. Darauf angesprochen, reagierten die alten Herrschaften erst mit Ausreden, dann wurden sie patzig: Es gehe doch niemanden etwas an, was sie in ihrer eigenen Wohnung täten oder nicht täten, die Putzfrau sei eben gestern nicht gekommen und die Kinder möchten doch, bitte, kein Drama aus solchen Kleinigkeiten machen! Diese Absicht hatten »die Kinder« auch nicht, aber nachdem die Lage sich nicht besserte, sondern im Laufe der nächsten Zeit eher verschlimmerte, wurde ihnen klar, daß etwas geschehen mußte. Die Frage war nur, was.

Dies ist der Punkt, wo das neuzeitliche Familiendrama »Die lieben Alten und die böse Familie« beginnt.

Opa und Oma – oder Vater und Mutter oder Onkel und Tante – sind ganz offensichtlich nicht mehr imstande, ihr bisheriges Leben so weiterzuführen, wie sie das gewohnt waren. Das Schreckliche daran ist: Die Kinder erkennen es, die alten Leute nicht. Es spielt keine Rolle, ob sie es tatsächlich nicht erkennen oder ob sie es nicht erkennen wollen. Wichtig ist nur, daß sie durchaus nicht gewillt sind, etwas an ihrer Situation zu ändern. Starrköpfig widersetzen sie sich jedem Vorschlag. Nein, es kommt überhaupt nicht in Frage, daß die Putzfrau täglich ihren Dienst verrichtet. Was, um Gottes willen, soll sie die ganze Zeit tun? Wir sind zwei alte Leute, wir machen doch wirklich nicht mehr viel Arbeit... Auf das zaghaft vorgebrachte Argument, die Putzfrau könnte doch beim Essenkochen helfen und hinterher den Abwasch erledigen, folgt stürmischer Protest: »Ich kann doch wohl noch für Opa und mich kochen und das bißchen Abwasch – sonst habe ich doch nichts zu tun!«

Soll die Schwiegertochter jetzt darauf hinweisen, daß sie bei ihrem letzten unangemeldeten Besuch die Küche unter Wasser vorfand, weil die alte Dame die Spüle hatte überlaufen lassen? Es wäre zwecklos, das zu erwähnen. Oma würde nur beschwichtigend sagen: »Mein Gott, das kann ja jedem mal passieren!« Und damit hätte sie sogar recht. Das ist ja das Fatale: jedes Gegenargument klingt an sich einleuchtend und überzeugend.

So geht alles wie bisher weiter, allerdings von Tag zu Tag schlechter. Immer schlechter wird auch das Gewissen der Kinder, deren Phantasie durchaus ausreicht, sich vorzustellen, *was* alles passieren kann. Wenn Opa wenigstens nicht rauchen würde. Wenn Oma wenigstens nicht noch alles selbst bügelte (»Die Putzfrau macht das nicht gut.«). Oma und Opa sind jetzt ein häufiges, unerfreuliches Gesprächsthema in der Familie. Was soll nur geschehen? Man kann es einfach nicht mehr verantworten, die alten Leute weiter allein wirtschaften zu lassen. Aber sie sind schließlich nicht entmündigt, sie sind immer noch selbst verantwortlich für sich. Also muß man weiter versuchen, sie zu überreden; es geht doch nur darum, daß die Putzfrau täglich kommt. Am Ende einer solchen Familiendebatte sagt dann jemand: »Ich finde, ihr solltet sie einfach in Ruhe lassen. Vielleicht passiert etwas – Herrgott, dann

passiert es eben! Sie haben es so gewollt, oder nicht? Ich kann verstehen, daß sie sich nicht bevormunden lassen wollen, auch wenn es zu ihrem Besten geschieht!«
Klar, es ist ein sehr junges Familienmitglied, das da aufbegehrt. Nur sehr junge Familienmitglieder können sich noch so gut in die Psyche der sehr Alten einfühlen. So erstaunlich ist das gar nicht: Die sehr Jungen können sich nämlich noch recht gut an die Zeit erinnern, wo sie es waren, die von wohlmeinenden Menschen (den Eltern nämlich) gegängelt wurden. Und das gefiel ihnen auch nicht. Jetzt also sollen Opa und Oma bevormundet werden, wiederum zu ihrem Besten; aber daß ihnen das nicht paßt, ist zu verstehen.
Weil anscheinend wirklich nichts an der Situation zu ändern ist, läßt man alles so, wie es ist, schaut häufig nach dem Rechten, wobei man immer wieder feststellt, daß das Chaos sich vergrößert, und macht sich entsprechende Vorwürfe. Als dann eines Tages tatsächlich die lang erwartete Katastrophe eintritt, sind alle fast erleichtert. Oma ist gestürzt, hat eine leichte Gehirnerschütterung und einen gebrochenen Arm. Opa hat sich so darüber aufgeregt, daß er einen Schwächeanfall erlitten hat, und weil es an einem Tag passierte, wo die Putzfrau eben nicht da war, dauerte es bis zum Abend, ehe jemand aufmerksam wurde und das Nötige veranlaßte. Nun sind beide erst mal im Krankenhaus. Für eine Weile ist Ruhe.
Aber nicht für lange. In Krankenhäusern ist wenig Platz für alte Leute, die nicht gerade todkrank sind und die sehr gut auch von lieben Angehörigen zu Hause gepflegt werden können. Bald sind Oma und Opa also wieder dort, wo sie am liebsten sind – in ihren eigenen, mehr und mehr

verwahrlosenden vier Wänden. Vorübergehend wird gnädig akzeptiert, daß die Putzfrau täglich erscheint, aber da Oma sich den linken und nicht den rechten Arm gebrochen hat, ist abzusehen, wann sie protestieren wird. Seit ihrem Sturz ist sie ab und zu ein wenig verwirrt, was die Situation nicht besser macht. Selbstverständlich kommt die Familie, so oft es geht, aber da alle irgendwie beschäftigt sind, kann die Betreuung von Oma und Opa nicht wirklich flächendeckend sein. Das Resultat sind Streß und schlechtes Gewissen.

Diese Geschichte spielt sich in Variationen täglich, stündlich, minütlich in Tausenden von Familien ab. Mal sind es Oma und Opa, mal ist es eine alleinstehende Mutter, Großmutter oder Tante. In vielen Fällen ist das Ende dieses vor allem die jüngere Seite ermüdenden Grabenkampfes der Weg ins Altenheim. Irgendwann geht eben wirklich *nichts* mehr. Die fast Neunzigjährige, die das Essen vergißt, auch wenn es ihr auf den Tisch gestellt wird, die dafür aber gern nach der Kognakflasche greift, ist zum viertenmal von der Feuerwehr ins Krankenhaus gebracht worden. Sie war im Korridor der Altbauwohnung zusammengebrochen; die Verwandte, die sie besuchen kam, hatte wohl einen Wohnungsschlüssel, doch von innen war die Kette vorgelegt. Im Altenheim, in das sie gebracht wurde, lebte sie noch drei Jahre, und immer wieder erkundigte sie sich nach ihrer Wohnung. Was hätten die Verwandten – eigene Kinder hatte sie nicht – tun sollen? Sie war ein Pflegefall, aber sie wollte es nicht wahrhaben. Die Verwandten sagten mit Recht: Wir konnten nicht verantworten, sie allein in der Wohnung zu lassen. Irgendwann wäre sie da zu Tode gestürzt. – Trotzdem: Als die beiden Nichten, die sich um die alte Dame kümmerten, ihre Wohnung auflösten, fiel ihnen das schwer. Hier hatte sie sechzig Jahre gelebt. Hätte man sie dort nicht ruhig sterben lassen sollen?

Ja. Aber wer bringt das fertig? Wer sagt schon: Gut, du willst es nicht anders, sieh zu, wie du fertig wirst, wir besuchen dich mal, aber alles andere geht uns nichts mehr an. – Man braucht kein besonders guter Mensch zu sein, um einen solchen Standpunkt abzulehnen. Abgesehen davon, daß Kinder und Enkelkinder ja nicht nur moralisch verpflichtet sind, ihren nächsten Angehörigen Hilfe zu leisten. Die Frage ist nur, wie weit diese Hilfe gehen muß. Und ob es nicht tatsächlich einen Punkt gibt, an dem man den alten Leuten – sofern sie nicht geistig vollkommen verwirrt und also entscheidungsunfähig sind – selbst überläßt, wie sie leben (oder sterben) wollen. Das hört sich so einfach an, daß man versucht ist zu sagen: Selbstverständlich muß man es ihnen überlassen, keine Frage! – Aber so einfach ist es eben nicht.

Da ist der Fall von zwei über achtzigjährigen Schwestern. Die Ältere von ihnen hat Vermögen. Sie leben zusammen in einem großen Haus an einem wunderschönen Platz in Bayern. Die Jüngere ist physisch und psychisch hinfällig, fast ein Pflegefall, aber die Ältere, noch bei klarem Verstand, rüstig und resolut, versorgte sie bestens. Ausgerechnet sie erwischte dann ein Herzinfarkt. Während sie im Krankenhaus lag, kümmerten sich ihre Schwiegertochter, ihr Sohn und die Enkeltöchter um die verwirrte jüngere Schwester, die selbst keine Familie hatte. Die Schwierigkeit lag nur darin, daß die Angehörigen nicht in Bayern, sondern in Norddeutschland leben. Aber es wur-

de irgendwie möglich gemacht. Dann kam die ältere Schwester, noch recht schwach, wieder nach Hause, sie lehnte es ab, sich noch einige Zeit in einem Sanatorium zu erholen. Der fürsorgliche Sohn aus Hamburg hatte inzwischen eine Pflegerin engagiert. Seine Mutter nahm die Fremde kurz zur Kenntnis und schickte sie auf der Stelle wieder weg. Es gab erregte Debatten deswegen zwischen Nord und Süd. Am Ende erklärte die Mutter ganz unmißverständlich folgendes: Ich will niemanden im Haus haben, der mich betreut. Ich fühle mich imstande, für meine Schwester und mich zu sorgen. Wenn ich dazu nicht mehr fähig sein sollte, will ich lieber nicht mehr weiterleben.
Der Sohn gab sich damit nicht zufrieden. Wieder wurde die Familie auf die Reise geschickt, mal die Schwiegertochter, mal die Enkel. Das akzeptierte die alte Dame. Der Streß, dem ihre Angehörigen damit ausgesetzt waren, interessierte sie augenscheinlich nicht. Eine ständige Betreuerin lehnte sie nach wie vor ab. Wenn wir sie aber ganz allein lassen, so argumentierte der Sohn, ist das ihr Todesurteil. Sie muß sich schonen. Sie *kann* ihre Schwester nicht mehr allein versorgen, wie sie das immer getan hat.
Die Geschichte fand ein vorläufiges Ende dadurch, daß sich die alte Mutter trotz aller Fürsorge einen komplizierten Oberschenkelhalsbruch zuzog und wieder im Krankenhaus landete. Die verwirrte Schwester mußte erst mal in ein Pflegeheim. Falls die alten Damen eines Tages wieder nach Hause kommen sollten, soll – so der letzte Stand der Dinge – nun doch eine Pflegerin eingestellt werden. Wie lange sie geduldet wird, ist eine andere Frage.
Da ich diesen Fall und die Beteiligten ziemlich gut kenne, habe ich natürlich immer wieder gefragt: Warum laßt ihr

sie nicht machen, was sie will? Warum laßt ihr euch von ihrer Halsstarrigkeit terrorisieren? Und außerdem will sie durchaus Hilfe, aber sie soll lediglich von *euch* kommen; sie nutzt euch aus.

Die Kinder wußten das längst. So schwer durchschaubar sind sie gar nicht, die Alten. Doch was nützt es, ihre Schliche zu kennen? Zähneknirschend lassen sich die Angehörigen weiterhin erpressen. Ich kenne einen alten Herrn, der im Krankenhaus ganz einfach die Nahrung verweigert. Sein Appetit stellt sich erst zu Hause sofort wieder ein. Was soll die Familie machen? Ihn verhungern lassen?

Ich bin noch nicht so alt, aber manchmal kann ich mir gut vorstellen, wie das sein muß. Man will es vor sich selbst nicht zugeben, daß es ist, wie es ist, und die anderen, diese neunmalklugen Jüngeren, sollen es einem nicht dauernd unter die Nase reiben, verdammt noch mal. Man ist ziemlich schwach und behindert und reduziert. Das einzige, was man vielleicht noch kann, ist, gegen die anderen, die Jüngeren, zu rebellieren, wenn man das denn Rebellion nennen soll. Man ist so machtlos bis auf dieses winzige Stückchen Macht, mit dem man sie ordentlich in Trab halten kann. Ich denke: Wir können ganz schön tricky sein, wenn wir erst *so* alt sind, daß wir ohne Hilfe tatsächlich nicht mehr auskommen.

Thomas Bernhard hat das so ausgedrückt: »Der alte Mensch, heißt's, wird wieder zum Kind, er kriegt also die Kinderbosheit wieder und dazu noch die furchtbare Altersbosheit, die ja der größte Reiz an alten Menschen ist. Alte Menschen ohne Bosheit sind ja unerträglich, so wie Kinder ohne Bosheit. A braves Kind ist ja zum Abwürgen und ein alter Mensch genauso.«

Bei manchen Alten sieht es tatsächlich so aus, als fielen sie wieder in alle Unarten der frühen Kinderzeit zurück, als beginne bei ihnen jenseits des achtzigsten Lebensjahrs eine neue Trotzphase. Hieß es früher: »Mami soll bei mir bleiben, niemand sonst!«, so heißt es heute: »Die Kinder sollen für mich dasein, niemand sonst!« Auf diesem Klavier verstehen die Alten ganz fabelhaft zu spielen. Und die schrillen Töne, die sie dabei anschlagen, können unmöglich ungehört verhallen.
Tun sie auch nicht. Ganz gewiß werden dann auch diejenigen aufmerksam, die vom Alten-Drama (noch) nicht persönlich betroffen sind. In den Augen einer eher unbeteiligten Öffentlichkeit ist die Sachlage klar: auf der einen Seite die lieben, armen, vernachlässigten Alten, auf der anderen die hartherzigen, egoistischen Angehörigen, die sich nie genug um ihre alten Eltern kümmern und nur darauf aus sind, sie in ein Altenheim »abzuschieben«. Und also sehen wir in Fernsehspielen immer wieder bewunderungswürdige Greisinnen und Greise, die mit ihren schwachen Kräften gegen das familiäre Despotentum ankämpfen. Tenor: Kümmert euch um uns, aber hört auf, uns zu bevormunden, wir wollen selbst über uns bestimmen!
Allmählich, muß ich sagen, macht mich diese einseitige Sicht wütend. Tatsache ist nämlich, daß der größte Teil – neunzig Prozent! – der chronisch kranken und pflegebedürftigen älteren Menschen von Familienangehörigen betreut wird, in erster Linie von Ehefrauen, Töchtern und Schwiegertöchtern. Wer das nicht glaubt, kann es im »1. Teilbericht der Sachverständigenkommission zur Erstellung des 1. Altenberichts der Bundesregierung« nachlesen. Und da steht noch etwas: »Eine stärkere Beachtung

der Angehörigen in dieser Grenzsituation ist unbedingt notwendig.«

In Vier-Generationen-Familien sind häufig schon zwei Generationen pflegebedürftig. Daß die pflegenden Frauen im Laufe der Jahre (!) physisch und psychisch total überfordert werden, liegt auf der Hand. Nicht jede hat die Geduld und genügend Nervenstärke, mit den oft verwirrten alten Patienten umzugehen. Nicht jede hat die physische Kraft, die man braucht, um Bettlägerige umzubetten, aufzurichten, zu füttern, zu waschen, auf die Toilette zu führen. Auch die gesundheitliche Belastung der pflegenden Frauen ist also sehr hoch, viele klagen über ständige starke Rückenschmerzen. Das Schlimmste aber ist, daß die Frauen sich fast alle alleingelassen fühlen, es gibt niemanden, der sie seelisch unterstützt, der ihnen auch nur zuhört, wenn sie sich aussprechen möchten. Dabei wissen sie, daß es jahrelang so weitergehen kann und schlimmer wird.

Das alles ist im Bericht der Sachverständigenkommission nachzulesen, und ich möchte diese Lektüre allen empfehlen, die sich darüber empören, daß alte Angehörige in Pflegeheime »abgeschoben« werden. Es muß wohl schon sehr viel passieren, ehe das geschieht. Der Hauptgrund dafür, daß es bei der Pflege zu Hause bleibt, ist die Angst, der alte Patient könnte die Unterbringung in einem Heim seelisch nicht verkraften. Auch die Kosten eines Heimaufenthalts spielen natürlich eine Rolle. Sozialstationen und ambulante Dienste, die zur häuslichen Pflege und Entlastung herangezogen werden können, werden von den Angehörigen als unzureichend bezeichnet. Es nützt ihnen nichts, daß solche Einrichtungen nur punktuell funktionieren. Mal abgesehen davon, daß die Hilfskräfte in solchen Organisationen immer knapper werden – darüber wird noch an anderer Stelle in diesem Buch zu reden sein. Die »institutionelle Unterstützung von pflegenden Angehörigen« soll im zweiten Teil des Kommissionsberichts analysiert werden. Schon jetzt dürfte feststehen: Diese Unterstützung ist ungenügend. Und wie die Dinge liegen, sind die Aussichten nicht groß, daß sich hier in absehbarer Zeit viel verbessert.

Was kann also geschehen? In der eigenen Wohnung bleiben bis zum Schluß – wer möchte das nicht. Wer einigermaßen gesund bleibt, dem gelingt das auch recht gut. Anderenfalls aber... Ich meine: wir, die Älteren von heute und Alten von morgen, müßten wenigstens versuchen, rechtzeitig Vorsorge zu treffen, wenn wir nicht wollen, daß wir eines Tages eine kaum zu bewältigende Belastung für unsere Angehörigen werden. Diese Vorsorge träfen wir auch im eigenen Interesse: In vielen Fällen verschlechtert sich das Verhältnis zwischen Patienten und pflegenden Angehörigen allmählich geradezu dramatisch. Die alten Kranken wünschen sich liebevolle Zuwendung und stoßen auf wachsende Aggressivität. Das liegt nicht an der Hartherzigkeit auf der einen und der anspruchsvollen Wehleidigkeit auf der anderen Seite, sondern schlicht daran, daß beide allmählich an ihre Grenzen stoßen. Die pflegende Familienfrau fühlt sich total überlastet; ihre Patienten, deren Leiden schlimmer werden, sind nicht mehr imstande, Rücksicht zu nehmen. Wer würde nicht versuchen, einer solchen Situation auszuweichen, solange die Möglichkeit dazu besteht? Und *wir* sind es, die ausweichen, zu Kompromissen bereit sein müssen. In unserem eigenen Interesse. »Wenn du nicht mehr da bist, dann hänge ich die weiße Flagge aus dem Fenster«, sagte eine entnervte Tochter zu ihrer Mutter. »So einfach werde ich es dir nicht machen, ich werde noch lange hiersein«, war die Antwort. Wollen wir *das*? Ich für mein Teil will es gewiß nicht.

Nochmals: Was kann also geschehen? Gibt es überhaupt einen einigermaßen annehmbaren Ausweg aus dem Konflikt, in den fast jede Familie irgendwann gerät, wenn die alten Eltern pflegebedürftig werden? Das Kernproblem ist ja nicht aus der Welt zu schaffen: Die alten Leute, wo immer sie nun auch sein mögen, leiden darunter, daß ihre Kraft deutlich spürbar Tag für Tag schwindet, daß sie immer abhängiger von ihrer Umwelt werden, daß sie auf andere angewiesen sind. Ihr Stolz ist verletzt. Ihre Würde angetastet. Es *ist* schlimm. Und schlimm, das muß hier einmal ganz deutlich gesagt werden, ist es auch für die Angehörigen. Sie sehen den Verfall und sind hilflos. Und das sogenannte »Abschieben« ins Altenheim, wenn es denn unbedingt sein muß, fällt *allen* Beteiligten schwer. Wenn das Einverständnis zum Umzug der alten Mutter oder Großmutter oder Tante endlich abgerungen ist, verspüren die Verwandten kaum etwas wie Triumph, nicht einmal eine große Erleichterung. Sie haben ein schlechtes Gewissen. Sie sehen es der alten Frau ja an: Sie weicht nur der höheren Gewalt, gegen ihren Willen; auch wenn sie zugestimmt hat – für sie ist es eine Kapitulation, der endgültige Abschied vom Leben. Und die Familie, die ihr zugeredet und alles Nötige veranlaßt hat, schämt sich, obwohl sie keinen Grund dazu hat. Glücklich ist niemand.

Es bietet sich keine Patentlösung an, aber wenigstens eines sollten wir Älteren tun: uns beizeiten damit vertraut machen, daß wir einmal pflegebedürftig sein *könnten*, denn es ist wichtig, daß wir uns *vor* dem Eintritt ins Greisenalter Gedanken darüber machen, was aus uns wird, wenn unsere Kräfte versagen, wenn wir nicht mehr imstande sind, so zu leben wie bisher. Und genau diesen Gedanken schieben die meisten von uns vor sich her, verdrängen ihn. Tun so, als wäre es unmöglich, daß sie jemals betroffen werden könnten. Und die Jüngeren in der Familie halten es für taktlos, davon anzufangen. Es hilft aber nichts, besser jetzt taktlos als später in der Klemme.

Vernünftig und richtig wäre es deshalb, wenn sich die alte und die junge Generation zusammensetzen und das heikle Problem gemeinsam besprechen würden. Es muß nicht darauf hinauslaufen, daß wir uns schon mit sechzig einen Platz in einer »Senioren-Residenz« sichern müssen. Aber warum sich nicht mal umsehen und umhören? Was können wir uns leisten – wobei wir davon ausgehen dürfen, daß *alles* teurer wird, die privaten Heime ebenso wie die staatlichen, von ambulanten Pflegemöglichkeiten einmal ganz zu schweigen. Aber auch darüber kann man sich informieren. Die meisten privaten Altenheime und Senioren-Residenzen verfügen über Pflegestationen. Aber Achtung! Nach dem 1990 neugefaßten Heimgesetz kann der Träger eines Heims den Heimvertrag zwar nur aus wichtigen Gründen kündigen, doch so ein Grund kann gegeben sein, wenn sich der Gesundheitszustand eines Bewohners derart verschlechtert, daß er im Heim nicht mehr ausreichend betreut werden kann. Dies wäre also

eine Frage, die man klären sollte, bevor man sich für einen Heimplatz, wo auch immer, entschließt.
Alles das sollte mit der Familie und/oder mit guten Freunden besprochen werden, und zwar *bevor* wir zu einer Entscheidung gezwungen werden, bevor womöglich über uns entschieden werden muß. Natürlich gibt es eine Menge alte Leute, die von vornherein ganz nüchtern und pragmatisch an das heikle Thema herangehen, alte Paare, die sich in ein Altenheim oder eine angeschlossene kleine Wohnung schon zu einer Zeit einkaufen, in der es nicht unbedingt nötig wäre. Klar, es ist eine Frage des Geldes, der finanziellen Möglichkeiten, aber nicht nur. Alleinstehende sorgen meist lieber rechtzeitig vor, weil sie wissen, daß ganz bestimmt niemand da sein wird, der sich um sie kümmert, wenn sie Hilfe brauchen oder sich ganz einfach nicht mehr soviel zumuten wollen. Wer keine Familie hat, keine Töchter, Schwiegertöchter, Enkelinnen, die im Notfall einspringen, *muß* das Problem einfach allein zu lösen versuchen. Die Tatsache, daß das möglich ist, sollte alle die nachdenklich machen, die – offen zugegeben oder insgeheim – darauf bauen, daß »die Familie« sich schon kümmern wird.
Die Alten sind nicht immer lieb, und die Familie ist nicht immer egoistisch. Über den umgekehrten Fall sollten alle Beteiligten einmal gründlich nachdenken.

4

Der Countdown läuft – kein Grund zum Jubeln, kein Grund zum Trauern

Als ich – Jahrgang 1924 – ein junges Mädchen war, galt der einundzwanzigste Geburtstag als eine große Angelegenheit.

Wir wurden volljährig! Daß das unter Umständen auch Unannehmlichkeiten mit sich bringen würde – juristische Vollverantwortlichkeit zum Beispiel –, interessierte uns zunächst nicht. Viel wichtiger war, daß wir nun ohne Begleitung eines Erziehungsberechtigten Lokale auch am späten Abend aufsuchen, Autofahren lernen und ohne Einwilligung unserer Eltern heiraten durften! Und obwohl wir gar nicht die Absicht hatten, das alles zu tun: es war wichtig, daß wir es *durften*! Tatsächlich, der einundzwanzigste Geburtstag war eine bedeutende Sache.

Heute sind junge Leute schon drei Jahre früher »mündig«. Und ich bin sicher, daß die meisten von ihnen aufatmen und sagen: »Endlich!« Genau wie wir damals mit einundzwanzig.

In diesem Fall ist ein »Endlich!« total berechtigt. Es fängt tatsächlich etwas Neues an. Dann kommen, so nach und nach, weniger wichtige und natürlich auch die gewissen

»runden« Geburtstage, die aber eigentlich nicht so bedeutungsvoll sind, wie wir immer tun. Oder doch?

»Bis vor kurzem wußten wir alle noch ganz genau, was wir in bestimmten Altersphasen zu tun hatten«, stellt die amerikanische Sozialpsychologin Carol Tavris in »Psychologie heute« fest, »nach der ›weiblichen‹ Uhr wurde mit zwanzig geheiratet, bis dreißig kamen die Kinder, ab vierzig wurde der Beruf wieder interessant, mit fünfzig war man niedergeschlagen, weil die Kinder das Haus verlassen hatten, und ab sechzig verschwand die Frau hinter der Rolle der Großmutter. Die ›männliche Uhr‹ dagegen war von Anfang an auf Karriere eingestellt und registrierte als wesentlichen Lebenseinschnitt des Mannes alle zehn Jahre eine Beförderung oder Gehaltserhöhung...« Heute, so Carol Tavris, leben nicht nur Frauen nach männlichem Zeitplan, sondern es hält sich überhaupt kaum noch jemand, ob Mann, ob Frau, an irgendwelche »festen Zeiten«, wenn sie ihr Leben planen. »Nach konventionellen Vorstellungen ist heute niemand mehr ›pünktlich‹, wenn es um ›altersgemäßes‹ Verhalten geht«, meint Carol Tavris.

Das gilt sicher nicht nur für Amerika. Jeder kennt auch hierzulande genügend Beispiele dafür, daß Frauen sich den Teufel um die »weibliche Uhr« scheren. Auch wenn die Mediziner damit nicht unbedingt einverstanden sind, nimmt die Zahl der »alten Erstgebärenden« zu. Diese liebenswürdige Bezeichnung gilt für Frauen, die schon über dreißig sind, wenn sie ihr erstes Kind kriegen. Ich war dreiundvierzig und wurde in dem Jahr fünfzig, als unsere Tochter zur Schule kam. Wir fühlten uns unter all den jüngeren Eltern kein bißchen deplaciert. Es kam uns eigentlich gar nicht in den Sinn, wie alt wir waren.

Carol Tavris bezeichnet die »Lebens-Phasen-Theorien, nach denen Krisen und Veränderungen in der persönlichen Entwicklung altersgebunden sein sollen«, als fragwürdig. Sie hat damit ihre eigenen Erfahrungen gemacht, und ihre Zweifel kamen also aus der Praxis. Ich kann ihr nur zustimmen, denn meine Lebensphasen verliefen auch nicht nach den »konventionellen Vorstellungen«. Natürlich, daran war auch der Zweite Weltkrieg schuld. Doch inzwischen gibt es viele Gründe, weshalb Frauen und Männer sich nicht mehr »pünktlich« verhalten.

Aber was hilft das alles! Immer noch wird uns die Midlifecrisis so lange eingeredet, bis wir selbst daran glauben. Immer noch werden wir in »Lebensabschnitte« eingeteilt, als seien wir mit einem Haltbarkeitsdatum abgestempelt, immer noch fallen wir von einem Extrem ins andere, wenn es ums Älterwerden geht. Ich finde es großartig, Geburtstage zu feiern, und warum soll ein vollendetes Jahrzehnt nicht Anlaß für eine Superfete sein? Aber den Jubelschrei »Endlich vierzig!« halte ich für töricht und übertrieben, weil er suggeriert, nun beginne unbedingt etwas Neues. Für manche tut es das vielleicht, aber für die meisten passiert gar nichts. Volljährig sind sie ja schon, und bis zur Pensionierung dauert es noch eine Weile. Was also ist an den vierzig Jahren so bedeutend? Vielleicht das, daß für viele Frauen dieser Geburtstag eben doch – eingestanden oder nicht – als Eintritt ins Alter angesehen wird. Tuscheln die Leute nicht schon? »Jaja, die ist nun auch schon vierzig. Sieht ja jünger aus, aber trotzdem...«

Die Frau, die »Endlich vierzig!« jubelt, ist eigentlich ein kleines Mädchen, das pfeifend durch den dunklen Wald läuft, um sich Mut zu machen. Aber weshalb muß sie sich

Mut machen? Die Sache ist ganz ungefährlich. Sie hat doch ihr Leben längst im Griff und nach ihrem Geschmack eingerichtet, und wenn nicht, ist sie immer noch jung genug, sich zu verändern. Stimmt, sie ist wieder ein Jahr älter geworden. Aber das ist weder ein Anlaß zum Jubeln noch zum Trauern. Eher schon zum Jubeln, denn eine Menge Dummheiten hat sie in diesem Alter schon hinter sich. (Und eine ganze Menge noch vor sich, aber es werden, so ist zu hoffen, andere sein.) Doch vor dem verlogenen Jubeln, mit dem nur die heimliche Angst vorm Altern verdeckt werden soll, möchte ich warnen. Es kommt nie was Gutes dabei heraus, wenn wir uns selbst was vormachen.

Warum können wir nicht ganz einfach akzeptieren, daß wir älter werden? Es sollte uns doch um so leichter fallen, nachdem sich die »Lebens-Phasen-Theorien« als überholt erwiesen haben und weder Frühentwickler noch Spätzünder die großen Ausnahmen sind. Unser Altern ist unausweichlich. Aber darum müssen wir weder mit fünfzig noch mit sechzig oder siebzig unbewegliche Matronen sein. Entscheidend für unser Tun oder Nichttun wird sein, wie wir uns fühlen, und warum sollten wir uns nicht gut fühlen?

Unsinnig ist es allerdings auch, wenn wir vor lauter Altersangst nun anfangen, uns zu überfordern. Es ist wirklich nicht nötig, uns und den anderen dauernd beweisen zu wollen, wie dynamisch und fit wir noch sind. Die anderen werden uns nicht glauben, und wir strengen uns für nichts und wieder nichts an. Dagegen werden wir sehr gut drauf sein, wenn wir auf unseren Körper hören; er signalisiert uns deutlich, was vernünftig ist und was nicht, was uns

wohltut und was uns eher schadet. Je mehr wir uns auf dieses Körpergefühl verlassen, desto besser wird's uns gehen.
Viele Frauen fürchten sich auch heute noch vor dem Klimakterium, obwohl sie natürlich wissen, daß es für die Beschwerden in dieser Zeit, sollten sie denn tatsächlich auftreten, Mittel gibt. Aber die Menopause ist für sie ein Schlußpunkt. Jetzt wird es richtig Ernst mit dem Altern. Der Gedanke scheint deprimierend. Bis zu diesem Zeitpunkt haben sie sich noch vormachen können, Altern sei etwas, was sie nicht beträfe. Schließlich werden sie immer für jünger gehalten, als sie sind! Aber nun müssen sie sich eingestehen, daß der Countdown läuft.
Ja, der Countdown läuft, seit dem Tag unserer Geburt, aber das fällt uns erst ziemlich spät ein und auf. Irgendwann stellen wir fest, daß unsere Zeit überschaubar wird. Sicher noch nicht mit vierzig, vielleicht mit Ende fünfzig, wahrscheinlich aber zwischen sechzig und fünfundsechzig. Ich glaube, ich habe kurz vor meinem achtundfünfzigsten Geburtstag plötzlich angefangen zu zählen und gedacht: Falls du achtundsiebzig wirst, bleiben dir jetzt noch zwanzig Jahre. Da war ich etwas erschrocken, denn mir kam natürlich sofort in den Sinn, wie schnell die letzten zwanzig Jahre vergangen waren. Zwanzig Jahre! Was ist das schon? Und selbst wenn ich es auf achtzig bringen sollte: zweiundzwanzig Jahre sind auch ein Klacks, gemessen an der Ewigkeit!
Im Ernst, diese Überschaubarkeit hat mich doch zumindest nachdenklich gemacht. In nun schon durchaus absehbarer Zeit war meine Deadline gezogen. Doch dann fand ich diesen Gedanken weniger bedrohlich und beängsti-

gend als aufregend, aufregend in positivem Sinn, oder sollte ich eher »anregend« sagen? Mich jedenfalls regte die Aussicht auf die kommenden zwanzig oder zweiundzwanzig Jahre dazu an, bewußter zu leben als bisher und weniger verschwenderisch mit meiner Zeit umzugehen. Daß sie überschaubar wurde, öffnete mir die Augen. Ganz gewiß wollte ich mich nicht mehr auf ein höchst ungewisses Morgen oder Übermorgen vertrösten oder vertrösten lassen. Keine vagen Zukunftspläne mehr und nichts aufschieben! Weg mit dem stets so beliebten »Das mache ich später«. Später würde ich im Grab liegen. Mein Leben spielte sich hier und jetzt im Hier und Jetzt ab, und es lag ausschließlich an mir, was ich daraus machte. Ob ich es tranig vor mir herschob, mißmutig herunterspulte, hektisch antrieb oder einfach akzeptierte und nach Möglichkeit genoß. Akzeptieren aber hieß: auch das weniger Angenehme, ja das Schmerzliche, als unvermeidbar hinzunehmen und meine kostbarer gewordene Zeit nicht mit Selbstmitleid und Verbitterung zu vergeuden.

Ich glaube, ich habe das einigermaßen geschafft. Gerade die Überschaubarkeit meiner Zeit hilft mir, mit den Tiefs fertig zu werden, die selbstverständlich kommen. Zum Glück! Denn ohne sie wäre das Leben farblos. »Wenn du nur immer glücklich und glücklich und glücklich bist, verliert das Glück jeden Sinn. Es ist, wie wenn jemand mit weißer Kreide auf eine weiße Wand schreibt. Er kann soviel schreiben, wie er will, aber niemand wird es je lesen können«, sagt der indische Mystiker Osho.

In einer sehr bewegenden Fernsehdokumentation sprach eine todkranke junge Frau darüber, daß sie angesichts ihres nahen und unvermeidlichen Todes viel intensiver lebte als je zuvor, alles Schöne – für sie war das eine Blume oder der Blick aus dem Fenster auf eine blühende Landschaft – mehr denn je und viel stärker in sich aufnähme. Wenn wir unser Altern bewußt erleben, wenn uns ohne Angst klar wird, daß der Countdown läuft, können wir ähnliche Erfahrungen machen wie diese junge Sterbende. Um zu ihrer fast heiteren Gelassenheit zu kommen, müssen wir allerdings unser antrainiertes Klischeedenken über Bord werfen.

Der Countdown läuft, und wir haben keinen Grund zum Jubeln oder zum Trauern. Aber zum *Leben*! Darunter wird jeder etwas anderes verstehen. Das ist gut so, nur sollte man hier Mißverständnisse vermeiden. Jetzt, in der Endrunde sozusagen, eine fiebrige Hektik zu entwickeln wäre genauso falsch wie die Fit-und-dynamisch-Komödie. Klar, die Spielzeit läuft irgendwann ab, und eine Verlängerung ist nicht angesagt. Aber hüten wir uns vor Panik! *Leben* ist etwas ganz anderes als der Wunsch, nun um jeden Preis noch etwas *er*leben zu wollen. Das führt wieder dazu, daß wir uns selbst etwas vormachen, eine Rolle zu spielen versuchen, mit der wir uns nur vor uns selbst blamieren. Es ist ein bißchen wie beim Theater: Eines Tages ist die fabelhafte Schauspielerin tatsächlich als Fausts Gretchen eine Fehlbesetzung, kann der großartige Schauspieler als Romeo nicht mehr überzeugen.

Leben bedeutet: natürlich sein. Wenn wir natürlich leben, werden wir uns wohl fühlen – in jedem Alter. Natürlich leben heißt selbstverständlich nicht, daß wir uns fortan für ein Müsli-und-Körnerfutter-Dasein entscheiden und jeden Tag mit Tautreten im Stadtpark beginnen (obwohl uns das vielleicht gar nicht schaden würde). Diese Art von

Natürlichkeit würden viele Menschen eher als höchst unnatürlich empfinden. Natürlich leben heißt, mit sich selbst ehrlich zu sein. Das loszulassen, was ohnehin schon nicht mehr zu mir gehört.

Wenn ich bewußt lebe, lebe ich natürlich. Wenn ich natürlich lebe, lebe ich bewußt. In dieser Natürlichkeit liegt Würde. Für mich ist Würde nichts Steifes, Feierliches, sondern die Selbstverständlichkeit, mit der ich mich gebe, der Ausdruck meines Selbst-Bewußtseins. Würde, und gerade Würde im Alter, muß selbstverständlich sein, sonst ist sie nur lächerlich.

Alte Tiere besitzen diese Würde. Es gibt nichts Würdevolleres als eine alte Katze! Sie bewegt sich immer noch geschmeidig und elegant, nur langsamer als in ihren jungen Jahren. Sie zieht ein ausgedehntes Mittagsschläfchen, möglichst in der Sonne, einem längeren Dachspaziergang oder einer Rauferei mit dem Nachbarskater vor. Sie tut uns zwar manchmal den Gefallen, mit der Gardinenschnur zu spielen, die ihr vor der Nase hängt, oder nach einer Aufziehmaus zu schlagen, die wir ihr vor die Pfote setzen. Doch ernsthaft interessiert ist sie nicht mehr an solchen Scherzen. Sie hat anderes im Sinn. Schade, daß wir nicht wissen, was.

Die Überschaubarkeit unserer Zeit – wir sollten sie weder dramatisieren noch ignorieren. Dann sind wir auf dem richtigen Weg. Nur noch ein paar Schritte, und wir werden den Countdown nicht nur akzeptieren, sondern sogar begrüßen. Also doch Jubel? Enthusiastische Endzeitstimmung: endlich alt!? Und der Höhepunkt dann: endlich tot!? – Das zu artikulieren würde uns allerdings schwerfallen.

Oder sollen wir ängstlich mitzählen: »Fünfundfünfzig – sechzig – fünfundsechzig – siebzig – fünfundsiebzig –«? Sollen wir auf den Tag X starren wie das Kaninchen auf die Riesenschlange? Nein, dann ist es doch schon besser, wir verfahren so wie jemand, der vierzehn Tage Urlaub vor sich hat und überlegt, wie er sie am besten nutzen kann. Ziemlich unwahrscheinlich, daß so eine Urlauberin in Panik gerät, weil die Zeit nur kurz ist und so viel zu unternehmen wäre. Sie wird sich ihre vierzehn Tage vielmehr nach bestem Können einteilen und nicht verzweifeln, wenn nicht alles nach Wunsch klappt. Die Zeit ist eben wirklich zu kurz...

Vierzehn Tage oder zwanzig oder meinetwegen sogar fünfundzwanzig Jahre: die Zeit ist immer zu kurz. Aber das ist kein Grund zum Trauern. »Endlich alt« ist zwar die falsche Art von Jubel. Doch das Altern mit seinem Countdown ist eine neue Erfahrung, und die sollten wir begrüßen. Zum Jubel ist kein Anlaß, aber wir nähern uns einem unbekannten Ziel, und das sollte uns doch wenigstens neugierig machen. Wir werden in nicht allzu ferner Zeit ein Geheimnis lüften, das allen Bemühungen der Menschheit zum Trotz bis heute ein Geheimnis geblieben ist. Wir wissen nicht, ob es einen Grund zum Jubeln gibt, wenn wir es gelüftet haben. Aber neugierig dürfen wir trotzdem sein, zumal Neugierde ja angeblich besonders bei alten Leuten verstärkt auftritt.

Bestätigen wir also wenigstens *dieses* Klischee!

5

Die Plagen des Alters

Jedes Alter hat seine Wehwehchen.
Das geht früh los, Kinderkrankheiten sind auch kein Vergnügen: Keuchhusten und Windpocken, Masern und Mumps. Bis man das ganze Repertoire durchhat, ist man schon fast erwachsen. Dann fährt man Auto, Fahr- oder Motorrad, treibt knochenbrechenden Sport und ist also in hohem Maße unfallgefährdet. In den Vierzigern oder noch früher droht das Infarktrisiko wegen verstärkten beruflichen Stresses und zu vieler Zigaretten und/oder eines ungesunden Quantums Alkohol und Kaffee. Wir sehen, vom Tag unserer Geburt an ist das Leben ausgesprochen lebensgefährlich. Da können wir doch von großem Glück reden, wenn wir es überhaupt schaffen, die Sechzig zu erreichen!
Aber so positiv sieht das nicht jeder. Schon der griechische Philosoph Aristoteles nannte das Alter eine »natürliche Krankheit«. Immerhin »natürlich«. Christiaan Barnard, Exherztransplanteur, ging noch einen Schritt weiter. Er soll gesagt haben: »Altern – das ist eine schlimme Krankheit.« Da war er vierundsechzig.
Daß ausgerechnet ein Arzt etwas so Dummes in die Welt

posaunt, ist peinlich, selbst wenn man bedenkt, daß Dr. Barnard wahrscheinlich seine Gründe gehabt hat, sein persönliches Altern als schlimme Krankheit zu empfinden. Altern mag mehr oder weniger unangenehm, mehr oder weniger beschwerlich und manchmal bestimmt lästig sein. Eine »schlimme Krankheit« aber ist es gewiß nicht. Altern ist eine ebenso natürliche Angelegenheit wie Geburt und Tod. Geboren werden, altern und sterben – es gibt nichts Normaleres, ob uns das nun paßt oder nicht. Auf keinen Fall machen wir uns den unausbleiblichen Prozeß des Alterns leichter, wenn wir ihn als Krankheit betrachten.

Freilich kann einem angst und bange werden, wenn man sich die gefürchteten Alterskrankheiten und ihre Statistik ansieht. Schon zwischen dem fünfzigsten und sechzigsten Lebensjahr mehren sich die Fälle von Diabetes, Fettsucht, Gicht und Fettstoffwechselstörungen. Chronische Bronchitis, Lungenemphysem und Lungenkrebs treten verstärkt auf. Krebs, Osteoporose, Arteriosklerose, Gelenk- und Altershirn-Erkrankungen nehmen mit der wachsenden Zahl von alten Menschen in Deutschland zu. Eine besonders unangenehme Statistik stellt fest, daß nur ungefähr jeder Fünfte der über Fünfundsechzigjährigen »subjektiv und objektiv« völlig gesund ist. Die meisten der über Fünfundsechzigjährigen leiden an mehreren Krankheiten zugleich. Sehr tröstlich. Also hat Dr. Barnard doch recht: Altern – eine schlimme Krankheit? Nein, denn Altern an sich ist nicht immer und unbedingt mit schlimmen Krankheiten verbunden. Und wir können sogar bis zu einem gewissen Grad etwas tun, damit es uns nicht so hart erwischt. Übergewicht zum Beispiel muß nicht sein, und es ist ein hoher Risikofaktor im Alter. Daß starkes Rauchen zu Gefäßerkrankungen und Lungenkrebs führen kann, weiß mittlerweile jeder. Viele Sünden, die wir in der Vergangenheit gegen unsere Gesundheit begangen haben, lassen sich wahrscheinlich nicht mehr korrigieren, aber einige schon. Wir können unseren Tabak-, Alkohol- und Süßigkeitenkonsum einstellen oder wenigstens verringern und unser Gewicht reduzieren. Eine übergewichtige Siebzigerin tut sich im wahrsten Sinne des Wortes gewiß schwerer als eine Schlanke. Wir können, ohne uns allzusehr zu kasteien, unsere Ernährung umstellen und dann anders, aber immer noch mit Lustgewinn essen. Wer das alles ablehnt und nach dem Motto »Jetzt bin ich alt, da ist es sowieso egal« weitermacht, muß dann eben irgendwann die Konsequenzen in Kauf nehmen.

Wer allzeit gesund gelebt hat, soviel ist sicher, hat die besten Karten, was das gesunde Altern angeht. Bloß, wer hat schon immer so vernünftig und weise vorausschauend gelebt? Und ich bin nicht sicher, daß die nächste Generation von Alten viel besser dran ist als wir, obwohl einige Wissenschaftler das ja behaupten. Vollwertkost ist in, und die Vegetarier sind im Vormarsch, dem Rauchen und dem Alkohol ist der Kampf angesagt. Aber wenn wir genauer hinsehen, ist das eben doch nicht die überwältigende Mehrheit. Außerdem sind die zukünftigen Alten durch Umweltzerstörung und Umweltvergiftung noch mehr gefährdet. Vielleicht werden sie nicht unter den Folgen von Fettsucht leiden, aber wer weiß, mit welchen Plagen *sie* später einmal rechnen müssen.

Was uns hier und jetzt betrifft: Wir sollten uns nicht verrückt machen lassen von der Statistik und der Aussicht

auf allerlei Alterselend. Zum Glück gibt es immer wieder Gegenbeispiele. Anscheinend sind viele Menschen auch gegen die stärksten Gesundheitsverstöße hartnäckig resistent. Die Mutter eines Freundes wurde ohne nennenswerte Beschwerden neunundachtzig, und sie rauchte seit ihrem dreißigsten Lebensjahr wie ein Schlot, vom frühen Morgen an! Mein Schwiegervater brachte es trotz Übergewichts bei relativ guter Gesundheit auf satte zweiundneunzig. Andererseits: Leute, die nie eine Zigarette angerührt haben, kriegen mit sechzig ein Raucherbein, und andere chronische Nichtraucher bekommen im gleichen Alter Ärger mit ihren Bronchien. Wir sollten solche Beispiele nicht als leuchtende Vorbilder verstehen, aber sie trösten uns doch auch ein bißchen, sofern wir nicht zu denen gehören, die von Jugend an brav und vernünftig waren. Und noch ein Trost: Die Mediziner sind sich darüber ziemlich einig, daß es kein Patentrezept für gesundes Altern gibt. Einige Faustregeln, gewiß. Vollkornkost und Vegetariertum, Vermeidung von »Genußgiften« – schön und gut. Eine Garantie ist das auch nicht. Wir müssen also nicht gleich eine Weltanschauung aus dem Thema »Gesund leben« machen.
Ganz sicher aber sollten wir, und das nicht erst wenn uns das Alter dazu zwingt, Rücksicht auf unseren Körper nehmen. In keinem Alter dürfen wir mit unserer Gesundheit herumschlampen. Dazu gehört, daß wir nicht gedankenlos sofort zu Tabletten greifen, wenn mal etwas nicht mit uns stimmt. Wenn wir schlecht schlafen, muß es dafür einen Grund geben, und dem kommen wir nicht bei, wenn wir Tabletten schlucken. Nicht die Symptome bekämpfen, wenn uns etwas fehlt, sondern die Ursache – auch

wenn das oft mühsamer ist, als zu einer Tablette zu greifen. Dabei ist auch das, was wir uns »rezeptfrei« genehmigen, so ungefährlich nicht, wenn es zur Gewohnheit wird. Ebenso bedenklich ist, Medikamente, die uns ein (hoffentlich) guter Arzt aus gutem Grund verordnet hat, unbenutzt stehenzulassen, »weil das ja doch nicht hilft«. In beiden Fällen tun wir unserem Körper nichts Gutes.

Es ist nicht immer so einfach, die richtige Balance zwischen sträflicher Gleichgültigkeit und übertriebener Sorge zu finden. Wer bei jedem Seitenstechen, Kopfschmerz oder Magendrücken ängstlich in sich hineinhorcht, ist zu bedauern. Wer trotz anhaltender Schmerzen und anderer auffallender Symptome nicht zum Arzt geht, ist leichtsinnig. Aber gerade viele ältere Menschen sind da stur. Diese »Ich war noch nie beim Arzt«-Ehrgeizlinge benehmen sich ebenso töricht wie die Wartezimmer-Dauersitzer. Ein Check-up, ein- oder zweimal im Jahr, wird die Ängstlichen beruhigen und die Unbekümmerten triumphieren lassen: für alle doch nur ein erhebendes Gefühl! Auch wer stolz darauf ist, daß er immer noch ohne Brille lesen kann: die Augen *müssen* regelmäßig im Jahr untersucht werden. Star-Erkrankungen sind deshalb so tükkisch, weil man sie erst bemerkt, wenn es zu spät ist.

Gehen wir verständnisvoll mit unserem Körper um, der älter wird und ein wenig mehr Fürsorge verträgt. Wir wissen nicht, wie lange wir ihn noch brauchen. Wenn das unsere Grundeinstellung wird, können wir uns auch gelegentliche Ausrutscher gestatten. Manchmal *will* ich einfach über die Stränge schlagen, einen Whisky zuviel trinken, eine Schachtel Pralinen leer machen, vorm Fernseher

Erdnüsse und im Kino Gummibärchen verschlingen, bis mir beinahe übel ist. Dabei habe ich dann kein schlechtes Gewissen. Ich versuche nur zu vermeiden, daß etwas zur Routine wird, der Alkohol, die Schokolade, das üppige Essen, die Chips. Routine ist immer falsch, Routine macht mich zum Automaten. Fortwährende rücksichtslose Behandlung hat mein Körper nicht verdient.

Doch machen wir uns nichts vor. Wenn wir auch von den großen, schlimmen Leiden im Alter – hoffentlich – verschont bleiben – an den kleineren Plagen kommen wir wahrscheinlich nicht vorbei.

Bei jeder zwickt und zwackt es woanders, aber wir können uns darauf verlassen: es zwickt was! Nein, nicht unbedingt gleich morgens beim Aufstehen (»Wenn man mit sechzig aufwacht und nichts tut weh, ist man tot...«). Da kann noch alles prima in Ordnung sein. Aber bei der morgendlichen Gymnastik (wir wissen, was wir uns schuldig sind!) macht sich die Arthrose in den »Kleingelenken« bemerkbar, und ich fluche, weil ich mich nicht mit der linken Hand ordentlich abstützen kann. Gelegentlich sitzt der Schmerz auch im Kiefer, was nicht angenehmer ist. Gar nicht zu reden von den »Altersknoten« in beiden Mittelfingern, die sonst noch so schön schlank sind. Erstens sehen diese Knoten häßlich aus, zweitens tun sie hin und wieder weh, drittens lassen sich Ringe nur mühsam auf- und absetzen. Aber wenn es weiter nichts ist... Immer noch besser als die Rückenschmerzen, die andere heimsuchen. »Danke, ich habe mal wieder im Sitzen geschlafen«, sagte eine Freundin, die ich nach ihrem Befinden fragte. Auch sie hat übrigens die blöden »Altersknoten«. Als ihr Mann ihr kürzlich einen besonders schönen Ring schenkte, meinte sie seufzend: »Schade, daß du mir den nicht vor dreißig Jahren zur Hochzeit geschenkt hast, da hätte er noch besser gepaßt.« Damals hatte er kein Geld. Und heute hat er Geld, und sie hat Knoten in den Fingern. So ist das Leben.

Ach, mit allem möglichen müssen wir rechnen. Es ist ganz und gar kein Trost, daß der Arzt uns mit einem Lächeln darauf hinweist, diese Beschwerden seien »altersbedingt«. Altersbedingt? Wir sind schließlich noch keine Greise. Und sofort fallen uns viel ältere Freunde, Bekannte und Verwandte ein, die sich nie mit so was geplagt haben. Wirklich nicht? Oder haben sie uns das nur listig vorenthalten? Wie auch immer. Bei uns ist es von jedem ein bissel: Das Herz wird als solches plötzlich spürbar, die Blase meldet sich nachts bestimmt zweimal, und beim Einkaufsbummel in der Stadt hält man verzweifelt Ausschau nach dem bewußten kleinen Häuschen. Außerdem haben wir einen Cholesterinspiegel, der etwas zu hoch ist. Jaja, auch das ist altersbedingt, wir wissen es mittlerweile, aber deshalb empfiehlt uns der Arzt trotzdem Tabletten. Waren wir nicht stolz darauf, bisher ohne alle Medikamente ausgekommen zu sein? Jetzt geht also auch das los. Resigniert zucken wir mit den Schultern, und wenn wir schlau sind, beschließen wir, das Ganze mit Galgenhumor zu nehmen.

Was uns nicht immer gleich leichtfällt. Im Gegenteil, bei jeder neuen »altersbedingten« Plage kriegen wir erst mal einen mittleren Schock. Denn nun läßt sich nicht mehr übersehen, daß unser Körper abbaut. Dies und das funktioniert also nicht mehr, hier und dort tut was weh, zwar meist nur vorübergehend, aber dafür mit trostloser Regel-

mäßigkeit. Unser Körper will nicht mehr so recht mitmachen, wie lange dauert es noch bis zur Hilflosigkeit? Und unser Gedächtnis läßt uns auch häufiger im Stich.
Unser eigentliches Problem ist dabei nicht so sehr, daß die anderen, Jüngere wie Gleichaltrige und Ältere, etwas merken könnten. Viele der kleinen Beschwerden, die Mini-Plagen, ja selbst die nicht ganz so kleinen, können wir einigermaßen tarnen, wenn wir das wollen. Was uns peinlich ist, behalten wir hübsch bei uns und gehen damit nicht hausieren. Nur – *wir* wissen, wie es uns tatsächlich geht. Uns selbst können wir nichts vormachen. Und dieses Wissen setzt uns manchmal ganz schön zu. Dabei sind wir dann gelegentlich schlichtweg ungerecht. Hatten wir nicht einen netten Abend mit netten Leuten, nettem Essen und netter Unterhaltung? Jetzt, wieder zu Hause angelangt und allein, hadern wir mit uns, weil wir wahnsinnig müde sind und auch so aussehen und nur noch ganz rasch ins Bett fallen wollen. Es ist doch noch gar nicht so spät, verdammt noch mal! Vor ein paar Jahren hätte uns so ein Abend überhaupt nicht geschlaucht. Wir werden eben alt! In so einem Moment konstatieren wir mit dieser Feststellung nicht emotionslos eine Tatsache, sondern fühlen uns verbittert und unglücklich.
Dabei ist Müdigkeit die geringste aller Altersplagen. Sich zum Beispiel am hellichten Mittag in einen Sessel kuscheln und bei Radioklängen eine Weile zu dösen – das soll unangenehm sein? Vorm Fernseher einzuschlafen ist oft das Beste, was einem bei einer langweiligen Sendung passieren kann. Der Theaterschlaf wäre schon peinlicher, aber man kann darauf hinarbeiten, daß er einen nicht überfällt: mittags länger ausruhen und richtig schlafen,

vorm Theater eine Tasse Kaffee, das hilft. Wenn nicht, bleibt der Trost, daß auch Jüngere im Theater gelegentlich mit ihrer Müdigkeit kämpfen. Überhaupt sollten wir unsere Müdigkeit nicht unbedingt auf unser Alter schieben. Junge Leute werden davon auch nicht verschont. Allerdings müssen wir zugeben, daß sie aus anderen Gründen müde sind als wir.

Ich halte nicht viel vom »positiven Denken«, weil es leicht dazu führt, daß man sich selbst die Hucke vollügt. Aber wenn wir mal wieder mit unseren kleinen Altersplagen hadern und uns mülleimerreif fühlen, sollten wir eine Gegenrechnung aufmachen und innerlich stolz notieren, worin wir noch richtig gut sind, was an uns noch total okay ist.

Also: Arthrose in den Kleingelenken, aber Treppensteigen ohne Japsen. Immer noch keine Lesebrille nötig! Telefonnummern werden immer noch gut gemerkt. Trotz Fernsehschlafs guter Nachtschlaf. Keine Rückenschmerzen, gesunder Magen und Darm. Keine Krampfadern! Kein Übergewicht. Noch genügend eigene Zähne, keine Prothese in Sicht.

Wenn ich aber mit diesem »positiven Denken« absolut nicht weiterkomme, hilft meistens ein längeres Telefongespräch mit einer Leidensgefährtin. Wenn es mich irgendwo zwickt und zwackt oder ich ganz allgemein mißgestimmt bin, richtet mich eine Unterhaltung mit der rükkenschmerzgeplagten Freundin wieder auf. Wir sind beide nicht direkt wehleidig, aber verärgert, wenn die Plagen überhand nehmen. Gemeinsam zu schimpfen erleichtert. Es ist bei solchen Gesprächen sehr wichtig, daß man an niemand Wehleidigen gerät, solche Leute machen einen sofort um Jahre älter und kränker. Nein, man muß seine Plagen mit jemandem teilen, der das Altern an sich auch nicht als schlimme Krankheit betrachtet und sich trotz mancher Einschränkungen immer noch ganz wohl in seiner alten Haut fühlt. Das Schrecklichste sind ältere Frauen, die sich ernsthaft stundenlang mit anderen über ihre Krankheiten unterhalten und dabei ihr gesamtes medizinisches Halbwissen mit allen grausigen Einzelheiten ausbreiten. Solche Menschen leben nur noch und ausschließlich für ihre Leiden, und sie haben den missionarischen Drang, andere ebenfalls davon zu überzeugen, daß Krankheit im Alter der einzige uns gemäße Lebensinhalt ist. Lauter Barnard-Anhängerinnen! Um die mache ich einen Bogen.

Aber ein bißchen Jammern und vor allem Schimpfen dürfen wir uns gönnen. Das ist eine ebenso notwendige Ausschweifung wie der Whisky, das üppige Essen und die Gummibärchen.

6

Die alte Frau im Spiegel oder schön sein bis zuletzt?

»Mein lieber Hippolyte, heut haben Sie ein altes Weib aus mir gemacht«, beschwert sich die Marschallin im »Rosenkavalier« bei ihrem Friseur. Es ist später Vormittag, und Madame hat eine Nacht mit ihrem siebzehnjährigen Liebhaber hinter sich. Sie selbst ist so um die Dreißig. Im Wien Maria Theresias – dort und um diese Zeit spielt die Strauß-Oper – galt eine Dreißigjährige schon als alt, zumindest nicht mehr als jung. Ganz sicher aber als zu alt für einen Teenager-Geliebten. Wahrscheinlich würde diese Kombination auch heutzutage einige Leute stutzen lassen. Wohlgemerkt: Wenn *er* dreißig und *sie* siebzehn wäre, fände kaum jemand etwas daran so ungewöhnlich. Aber das ist ein anderes Kapitel.

Die Marschallin jedenfalls, wiewohl noch sehr schön und jugendlich, betrachtet ihr Gesicht im Spiegel und ist unzufrieden. Vielleicht hat sie die ersten grauen Haare und die ersten Fältchen entdeckt. Vielleicht stellt sie Spuren von Müdigkeit fest, die sie bisher nicht bemerkt hat. Wie auch immer, sie findet und empfindet sich plötzlich (oder nicht einmal so plötzlich) als alt. Mit dreißig.

Na ja, Maria Theresia – das ist lange her. Eine Dreißigerin

mag morgens in den Spiegel schauen und sich zum Kotzen finden, aber gewiß nicht alt. Bis zu dieser schockierenden Entdeckung hat sie noch etliche Jahre Zeit. Klar, ein paar graue Haare und die ersten Falten mogeln sich tückischerweise schon recht früh in das harmonische Bild von Jugendlichkeit und Frische. Aber ein *altes* Gesicht ist es trotzdem nicht, was sie da sieht. Ein alterndes Gesicht zwar, aber zu diesem Zeitpunkt macht sie sich darüber noch keine Gedanken.
Doch dann... irgendwann ist der Tag X. Es geht los. Das rundliche Gesicht mit dem etwas zu üppigen Kinn ist auf einmal schwammig. Das schmale Gesicht wirkt hager. Das Spiegelbild zeigt erbarmungslos Falten, Falten, Falten. Eine hängende Mundpartie und ebensolche Bäckchen. Was ist mit meinen Augenlidern los, und woher kommen diese Tränensäcke, fragt sich die Entsetzte und greift mit zitternder Hand zu allem, was die Schminke hergibt. Aber nach vollendetem Werk schreckt sie erst recht vor ihrem Spiegelbild zurück: Da grinst sie ein Clownsgesicht an, viel zu grelle Farben, viel zu dicke Tünche, und auch die künstlichen Wimpern können nicht darüber hinwegtäuschen, daß diese Augen seit mehr als fünfzig Jahren vom »goldnen Überfluß der Welt getrunken« haben, wie es Gottfried Keller so poetisch formulierte.
Irgendwann kommt für jede von uns der Tag X. Machen wir uns nichts vor. Bei der einen womöglich schon um die Vierzig, bei den meisten zwischen fünfzig und sechzig. Zwischen sechzig und siebzig spätestens sollte sich eine jede mit ihrem Gesicht abgefunden und arrangiert haben. Schön wär's. Sehr viele von uns laufen schon Jahre vorher

Sturm dagegen, daß das Altern sie eingeholt hat. Wie sonst ist es möglich, daß in der Bundesrepublik jährlich etwa hunderttausendmal (!) Skalpell und Nadel der Schönheitschirurgen ihre mehr oder weniger blutige Arbeit verrichten? Nein, es handelt sich dabei nicht etwa um Fälle der Unfallchirurgie. Die Biologin und Wissenschaftsjournalistin Susanne Paulsen in »Altern + Jugendwahn« über die Schönheitschirurgen: »Statt unfallverletzte Gesichter zusammenzuflicken, wozu sie ausgebildet worden sind, polieren diese Heilkünstler alternde Fassaden.«

Nicht nur weibliche! Zwanzig Prozent der Patienten in deutschen Schönheitskliniken sind mittlerweile Männer, Männer, die in erster Linie der Karriere wegen jünger und attraktiver aussehen wollen. Fast könnte frau schadenfroh werden: Erwischt es euch auch endlich? Müssen sich nicht nur Frauen gegen das idiotische Vorurteil verteidigen, nur straffe Jugend sei was wert? Aber mit Schadenfreude ist ja niemandem gedient. Welches die Gründe auch immer sein mögen: Mann wie Frau sind bereit, Schmerzen, gesundheitliche Risiken und vor allem oft horrende Arzthonorare in Kauf zu nehmen, wenn es dem Wundermann mit seinem Skalpell nur gelingt, sie zu verjüngen. Oder vielmehr, einen Teil von ihnen. Einen gut sichtbaren. Wenn Galle, Leber, Magen, Darm, Blase und Niere fehlerhaft funktionieren, wenn die Bandscheiben vorfallen und das Herz herumkaspert, so ist das zwar unangenehm und vielleicht sogar gefährlich, aber es läßt sich verstecken. Niemand sieht es einem sofort an. Doch das Altersschlupflid, der schlaffe Busen, der welke Hals, die Hängebacken, das schwammige Doppelkinn, die Falten und die Altersflecken: das verrät einen. Das muß weg. Egal, ob es weh tut, riskant ist, Geld kostet. Egal auch, was die anderen sagen, die, die es wissen, die Eingeweihten (und nicht alle werden eingeweiht!), egal, ob sie womöglich darüber lachen – sollen sie doch! Wahrscheinlich hat die Frau, die sich eben die Stirn hat liften lassen, früher auch über die Hollywooddiva gelacht und gelästert, die so oft geliftet worden war, daß sie kaum noch lächeln konnte. Und die Knef, mein Gott, was hat die alles über sich ergehen lassen, schon in ihren besten Jahren! Ja, bei den anderen hat sie gelacht, die Geliftete. Aber jetzt ist sie selbst das Opfer des Alterns und will sich damit nun und nimmermehr abfinden.

Und doch wird sie es müssen. Vielleicht schon eher, als sie denkt. Auf Schönheitsoperationen gibt es keinen lebenslangen Garantieschein. Wie oft will sie unters Messer gehen? Und irgend etwas wird sie schließlich doch verraten. Der Ausdruck ihrer Augen. Ihre Haltung. Ihre Hände. Ihr Gang. Ihr für die vermeintliche Schönheit geschundener Körper wird sich rächen. Sie hat ihn buchstäblich bis aufs Blut gequält. Sie hat ihr Gesicht verleugnet, statt es anzunehmen. Es war ja nicht verunstaltet, es wurde nur alt.

Aber in unserer westlichen Gesellschaft ist immer noch alt gleich häßlich. Seltsamerweise: Wir bewundern die gegerbten Gesichter alter Indianerfrauen, alter Afrikanerinnen, Landfrauen jeder Nationalität dürfen so faltig und zahnlos sein, wie sie wollen, ihre Fotos betrachten wir ehrfürchtig-bewundernd: was für Gesichter! Was für ein Leben spiegelt sich darin! Aber wir selber wollen um Gottes willen nicht mal annähernd so aussehen. Schließlich leben wir nicht in den Pyrenäen oder in einem tibetischen Gebirgsdorf. Wir zivilisierten Mitteleuropäerinnen können es uns nicht leisten, unser wahres altes Gesicht zu zeigen. So viel von uns preiszugeben. Das ist es. Unter anderem jedenfalls. Ein weiteres ist, daß sich das Schönheitsidealbild vieler Frauen, zugegeben oder nicht, nach wie vor an dem orientiert, was die Medien ihnen als »schön« offerieren. Als schön und *jung*, selbstverständlich. Es sind nicht nur die traumhaften Models in den Frauenzeitschriften, die Eindruck hinterlassen. Es sind auch die bezaubernden Wesen, die per Fernsehen zu uns ins Haus kommen. Keine amerikanische TV-Serie ohne sie! Zwar ist oft auch die eine oder andere alte Lady dabei, aber die interessiert nicht, schon gar nicht, wenn sie nicht nur alt, sondern obendrein noch komisch ist (»Golden Girls«). Man amüsiert sich über sie, findet ein weiteres Vorurteil bestätigt – alt = komisch – und möchte doch lieber so aussehen wie eine jüngere Nebendarstellerin. Oder nehmen wir Miß Ellie (»Dallas«): Ihre Schlupflider sollten jede, die ebenfalls welche hat, mit den eigenen versöhnen, aber die Zuschauerin schielt lieber auf die bildhübsche April Stevens: Wie alt mag sie sein? Hat sie sich schon mal liften lassen? Amerikanische Stars fangen ja früh damit an, wie man weiß. Niemand will Miß Ellie sein, alle wollen April Stevens werden und bis ans Ende bleiben.

Alt bedeutet häßlich oder jedenfalls unattraktiv. Das alte Gesicht ist etwas, das korrigiert werden muß. Notfalls mit dem Messer des Schönheitschirurgen.

Nur: wir können zwar die Spuren des Alterns vorübergehend aus Gesicht und Körper tilgen, aber unsere Seele wird nicht aufhören, darunter zu leiden, daß wir alt werden oder bereits alt sind. Denn *wir* wissen es, egal, was wir den anderen vortäuschen. Ein Schönheitschirurg für die Seele könnte vielleicht helfen, aber der Gang zum Psychotherapeuten ist mancher peinlicher als der Besuch beim Facharzt für kosmetische Operationen. Außerdem sind die meisten Frauen sicher, daß es ihnen seelisch viel besser gehen wird, wenn sie erst ihr neues, verjüngtes Gesicht, den strafferen Busen oder den flacheren Bauch haben. Vorübergehend kann das auch so sein. Nur hält diese Euphorie nicht an, *kann* nicht anhalten. Denn der Prozeß des Alterns geht gnadenlos weiter, ohne Rücksicht auf das Meisterwerk des Schönheitschirurgen.

Es kann nicht oft genug gesagt werden: Wir tun uns keinen Gefallen damit, wenn wir unser Altern zum Tabu erklären. Es hat keinen Zweck, so zu tun, als seien gerade *wir* alterslos und unsterblich. Wir werden mit sechzig ein anderes Gesicht, einen anderen Körper haben als mit dreißig, auch wenn wir kaum ein Pfund zugenommen und erst wenige Falten haben. Aber weder dieses andere Gesicht noch dieser andere Körper ist häßlich. Sie sind natürlich. Sie entsprechen unseren Jahren. Nicht unser Gesicht müssen wir verändern, nicht an unserem Körper herumoperieren lassen, sondern unseren Schönheitsbegriff, unsere Vorstellung davon, wie wir auszusehen haben, sollten wir revidieren. Wir müssen einsehen lernen, daß die Makellosigkeit, die wir uns immer noch abverlangen, nicht mehr möglich ist. Wir müssen endlich aufhören, alt mit häßlich gleichzusetzen. Diese Formel stimmt nicht.

Wenn wir uns im Spiegel betrachten, werden wir wie früher feststellen, daß wir mal gute und mal schlechte Tage haben. Das ist also ganz offenbar unabhängig von unserem Alter. Wann je waren wir denn so makellos, wie wir jetzt glauben? Mit sechzehn wüteten wir gegen Pickel, mit zwanzig waren wir uns zu blaß oder zu sommersprossig, oder wir fanden unsere Beine zu dick. Und mit sechzig beschweren wir uns über Falten und Altersflecke. Wir waren uns doch nie schön genug! Aber was wir damals taten, können wir natürlich auch heute noch tun: versuchen, das Beste aus unserem Gesicht zu machen – oder was wir für das Beste halten. Es gibt Frauen, die sich nie im Leben geschminkt haben, und sicher war das für sie total richtig. Ich würde ihnen wirklich nicht empfehlen, jetzt im Alter damit anzufangen. Warum, wenn es ihnen keinen Spaß macht? Es ist schließlich *ihr* Gesicht. Aber alle, die gern an sich herumgemalt haben, werden sich dieses Vergnügen auch weiterhin gönnen. Manche – wie ich – fühlt sich ganz einfach besser, wenn sie etwas künstliche Farbe im Gesicht hat. Oder in den Haaren. Manche fühlt sich riesig, wenn es nicht *etwas*, sondern *viel* Farbe ist. Wer gern wie ein alter Hollywoodstar bei der Oscar-Verleihung aussehen möchte – warum nicht? Deshalb muß man sich doch nicht gleich liften lassen! Die Malerei ist billiger und ganz unblutig. Natürlich, wenn die Tünche abends runter ist, steht man vorm Spiegel und sieht ganz schön alt aus. Das muß in Kauf genommen werden. Und jede sollte sich bei dieser Gelegenheit wieder an die goldene Jugendzeit erinnern, wo sie auch manchmal ohne Make-up nicht gerade golden aussah, sondern eher nackt und blaß. Jetzt sieht sie eben nackt, blaß und alt aus, na wennschon! Und die leicht fettglänzende Nachtcreme hat uns auch noch nie schöner gemacht, jedenfalls im Moment nicht, ihre wohl-

tuende Wirkung soll sich erst später zeigen (wenn überhaupt).
Wer sich nie an dem Spielchen, das Kosmetik heißt, beteiligt hat, wird das jetzt sicher nicht als Verlust empfinden. Vielleicht mit den Veränderungen von Gesicht und Figur sogar besser fertig werden. Vielleicht haben diese Frauen auch immer ein bißchen überlegen und spöttisch auf die geblickt, die ihr gutes Geld für Schminke, Cremes und Wässerchen hinblätterten, »nur um den Männern zu gefallen«. Gegen dieses Vorurteil habe ich mich immer gewehrt. Ich halte es für Quatsch. In erster Linie, behaupte ich, wollen wir uns selber gefallen, wenn wir uns anmalen. Warum, bitte, sollte ich – allein lebend, ohne die leiseste Andeutung von Mann im Hintergrund – mich immer noch schminken und mit Cremes und Wässerchen hantieren? Vielleicht für meinen alten kastrierten Kater? Ich finde mich hübscher, wenn ich mir ein Make-up gestatte, das ist alles. Nicht jünger, nur hübscher.
Natürlich ist das Geschmackssache. Ein ungeschminktes altes Gesicht kann sehr schön sein, nicht nur, wenn es einer Indiofrau aus Mexiko gehört. Aber es ist Sache der Frau, die mit ihrem Gesicht leben muß, was sie daraus macht. Ob sie auf die Kosmetikspielerei verzichtet oder ob es ihr Vergnügen macht, mit Lidschatten, Lippenstift und Rouge zu experimentieren. Die Ungeschminkten, egal, welchen Alters, sollten sich nicht über die Geschminkten erheben und umgekehrt. Und völlig daneben ist es, wenn jemand sich darüber entrüstet, daß »so eine alte Frau sich noch anmalt«. Warum soll sie nicht? Mir gefällt die knallbunte Lotti Huber mit ihren zentimeterlangen künstlichen Wimpern und dito Fingernägeln – die

aus ihrem Alter absolut kein Geheimnis macht – weitaus besser als eine alte graue Maus mit dem Sprüchlein: »Es ist ja ganz egal, wie ich aussehe.«
Der Graue-Maus-Typ und die Frau, die sich unters Messer des Schönheitschirurgen begibt, haben eines gemeinsam: Sie resignieren vor dem Alter. Nur zeigt sich diese Resignation bei der einen in völliger Passivität, bei der anderen in falscher Aktivität. Beide weigern sich, einen natürlichen Vorgang zu akzeptieren. Beide wollen nicht sein, was sie sind. Beide haben sich aufgegeben, nur auf unterschiedliche Art. Beide mögen sich selbst nicht mehr.
Zugegeben, es ist oft schwer, sich zu mögen, das Altern zu akzeptieren, wenn einem zum Beispiel der Zahnarzt klarmacht, daß eine Vollprothese demnächst unvermeidlich sei. Zahnprothesen sind etwas, worüber sich die, die keine brauchen, gern herzlos lustig machen. Wir haben das auch getan. Jetzt wird es nicht mehr lange dauern, bis wir selbst zu den Bespöttelten gehören. Der Gedanke daran ist den meisten von uns geradezu ekelhaft. Es tröstet uns nicht zu wissen, daß es auch jüngere Prothesenträger gibt, daß mehr Menschen, als wir ahnen, falsche Zähne haben und die meisten ausgezeichnet damit zurechtkommen. Wir wollen nicht dazugehören. Noch nicht! Vielleicht mit achtzig, neunzig... Aber selbst dann werden wir uns damit nur schwer abfinden können. Sich vorzustellen, daß man ins Krankenhaus müßte und selbstverständlich nach einer Zahnprothese gefragt würde. Daß man hilflos mümmelnd aus einer Narkose erwacht. Das soll man akzeptieren? Da soll man sich noch mögen?
Und dann die Haare. Vielleicht halten die Zähne länger, als wir denken. Dafür werden die Haare dünn. Waren wir

nicht immer stolz auf unseren üppigen Schopf? Nun sitzt keine Frisur mehr. Es ist nur noch eine Frage der Zeit, wann wir uns nach einer Perücke umsehen müssen. Schaudernd denken wir an jene gräßlichen, betongelockten Altfrauen-Perücken, »Zweitfrisuren«, mopsblond und stockhäßlich, die über dem Gesicht thronen wie ein grotesker Federwisch. Ja, es gibt auch andere Exemplare, modische, flotte, natürliche. Warum sieht man die nur fast nie an alten Frauen? Womöglich liegt es gar nicht an den Perücken, sondern an den alten Gesichtern? Verlangen wir einfach zuviel?
Schon möglich, daß die eine oder andere von uns das tut. Von allem, was sie unternimmt, um dem Alter ein Schnippchen zu schlagen, ein Verjüngungswunder erwartet. Und, wenn das ausbleibt, das eigene Spiegelbild nur noch mit Verachtung und Angst betrachtet: Was passiert als nächstes? Wird es noch schlimmer?
Der Fehler besteht darin, daß wir das Altern überhaupt als schlimm empfinden. In dem Moment, wo wir es als natürlich und selbstverständlich hinnehmen und uns nicht mehr dagegen sträuben, tun wir uns leichter mit seinen Folgen. Verkrampfen wir uns nicht mehr in dem sinnlosen Bestreben, jung zu bleiben um jeden Preis. Oder wenigstens jung auszusehen. Wir können im Alter schön aussehen, edel, witzig, vergeistigt, wir können rundum richtig bezaubernd sein. Nur nicht jung. Streichen wir das Wort also endlich aus unserem Vokabular, soweit der Begriff »jung« sich auf unsere Person bezieht.
Das Gesicht, das uns jetzt der Spiegel zeigt, ist das Resultat unseres Lebens, und wenn dieses Leben Spuren hinterlassen hat, beweist das immerhin, *daß* wir gelebt haben.

Was sind wir denn – Menschenfrauen oder Barbie-Puppen? Nur Plastikgesichter verändern sich nie. Nur Plastikblumen welken nicht. Lebendig sein heißt ständige Veränderung. Und nicht jede Veränderung muß uns gefallen. Unser Gesicht, ob alt, ob jung, ob schön, ob unschön, ist einmalig. Wenn es mit uns altert, tut es das auf seine ganz persönliche, einmalige Art. Es hat verdient, liebevoll behandelt und angenommen zu werden.

7

Freunde – alt und jung

Ich erinnere mich noch gut an eine Kaffeeklatschrunde bei meiner Großmutter. Fünf Freundinnen saßen da beisammen, alle etwa im gleichen Alter, ich schätze, so zwischen fünfundsiebzig und achtzig. Meine Großmutter kannte sie seit ihren Kindertagen, mit zweien oder dreien hatte sie schon im Sandkasten gespielt. Die fünf waren noch sehr munter, lachten viel und alberten herum wie Teenager. Sie kamen mir damals fast alterslos vor. Aber es dauerte nicht mehr lange, und die Fünferrunde war nicht mehr vollständig. Ausgerechnet die Jüngste mußte als erste abtreten. Meine Großmutter sagte: »Ja, nun werden wir immer weniger. Es ist schlimm, wenn die alten Freundinnen nicht mehr da sind.«

Die zweite Freundinnenrunde, diesmal aus Anlaß eines siebzigsten Geburtstages, erlebte ich erst kürzlich. Die Jubilarin hatte viele aus ihrer großen Verwandtschaft eingeladen, aber am meisten Spaß hatte sie mit ihren alten Freundinnen; ich glaube, es waren auch wieder vier. Genau wie damals bei meiner Großmutter hockten die fünf grauhaarigen Damen beieinander, kicherten, wisper-

ten, hatten sich offensichtlich eine Menge zu erzählen, obwohl sie am gleichen Ort lebten und sich vermutlich öfter trafen. Sie wirkten wie eine kleine, verschworene Gemeinschaft. Alte Freundinnen eben. Kinder aus einer Klasse. Meine Großmutter blieb damals als letzte aus dem Freundinnenkreis übrig. Das erfüllte sie einerseits mit leiser Genugtuung, andererseits schmerzte es sie. Am Ende ihres Lebens hatte sie zwar noch ihre Familie, die Enkel, die Töchter und Söhne, aber Freundinnen gab es keine mehr. Keine Kuchenorgien mit Likör und vergnügtem Geschnatter. Keine langen Telefongespräche mit Lilli und Evchen, kein Stadtbummel mit Johanna und Ursel. Sie hatten sich durchaus nicht immer geliebt, diese alten Freundinnen, sie hatten sich gestritten, vorübergehend sogar beleidigt voneinander zurückgezogen und irgendwann wieder tränenreiche Versöhnung gefeiert. Es war wie in den Schultagen. Man kannte sich ein Leben lang. Schwer, damit fertig zu werden, daß da eine Lücke entstand, die sich nie wieder schließen würde.
Freundinnen, mit denen man alt wird, sind etwas ungeheuer Kostbares, und oft merkt man das leider erst, wenn man sie verloren hat. Jahrzehntelang nahm man sie als etwas ganz Selbstverständliches hin, manchmal waren sie sogar ein bißchen lästig, manchmal vernachlässigte man sie, manchmal war man über Kreuz mit ihnen, aber letztlich wollte man sie doch nicht missen. Man raufte sich immer wieder mit ihnen zusammen, und tief im Herzen wußte man, daß auf sie Verlaß war, wenn es drauf ankam. Und es kam öfter darauf an. Sie sprangen in die Bresche, wenn Not an der Frau war, wenn ein Kind plötzlich die Masern kriegte und man eine Geschäftsreise nicht absagen

konnte, wenn man selbst mit Angina darniederlag und der Haushalt kurz vorm Zusammenbruch stand, wenn man etwas streng Vertrauliches unbedingt loswerden mußte, wenn, wenn, wenn...

Was man an sich selbst oft noch gar nicht bemerkt hat oder nicht bemerken wollte: An den Freundinnen aus der Kinderzeit fällt einem zuerst auf, daß man älter geworden ist. Tatsächlich, sie ist nicht mehr die Jüngste. Und man ist fast im gleichen Alter... Gewiß, ein paar Jahre hat sie uns voraus, aber das spielt längst keine Rolle mehr. Siebzig oder fünfundsiebzig, wer rechnet da schon nach? Oder sind diese fünf Jahre jetzt auf einmal wieder wichtig? So wie ganz früher, als die Fünfzehnjährige im Kino Filme sehen durfte, die der Zehnjährigen noch verboten waren? Als die fünf Jahre Ältere abends länger aufbleiben durfte und sogar schon einen Freund hatte? Tatsächlich, so überlegt die Siebzigjährige, bin ich noch zehn Jahre vom achtzigsten Geburtstag entfernt und sie nur noch fünf. Wir sind beide im Endspurt, wer ist eher am Ziel?

Da kommt uns dann auf einmal die Erkenntnis, daß die alten Freundinnen alt werden, alt geworden sind, mein Gott, die ist immerhin Jahrgang zweiundzwanzig...! Was haben wir uns eigentlich vorgestellt? Daß die guten alten Freundinnen die ewige Jugend gepachtet haben? Haben *wir* das vielleicht? Und die Freundinnen sehen uns logischerweise genauso wie wir sie. Machen sich ganz ähnliche Sorgen um uns, wenn's uns mal nicht so fabelhaft geht. Ja, wir sind auf einmal ein bißchen besorgt umeinander, was wir doch früher nie waren. Die Überschaubarkeit der Zeit, da ist sie wieder. Wir hatten uns doch, als wir noch Kinder in einer Klasse waren, ewige

Freundschaft geschworen. Wie lange dauert die Ewigkeit noch?
Nun gibt es ja nicht nur Freundschaft unter nahezu Gleichaltrigen. Klar, mit dem ehemaligen Kind aus meiner Klasse verbindet mich ein wichtiger Teil meines Lebens. Aber andere Freundinnen kommen im Laufe der Zeit dazu, und manchmal sind sie wesentlich jünger. Im Beruf ergibt sich das häufig. Man freundet sich mit der netten Kollegin an, ob sie nun zwanzig Jahre jünger ist oder nicht. Und wenn es nicht der Beruf ist, der eine neue Freundschaft vermittelt, lernt man auf andere Weise Frauen kennen, die zu richtigen Freundinnen werden. Auch wenn sie viele Jahre jünger sind. In meinem Freundinnenkreis reicht die Altersspanne von vierzig bis über siebzig. Mit jeder verbinden mich andere Interessen, aber mit allen kann ich wunderbar reden. Manche Probleme der Jüngeren habe ich, Gott sei's gedankt, nicht mehr. Wenn sie ihren Liebeskummer bei mir ausweinen, kann ich sie aus dem reichen Schatz meiner Erfahrungen trösten – mein heimliches Grinsen kriegen sie dabei nicht mit: trotz aller Emanzipation hat sich manches doch nicht wesentlich verändert. Jüngere Freundinnen sind sehr wichtig. Aus dem Generationsunterschied ergibt sich eine höchst anregende Spannung. Gewisse Gespräche, wie sie unter gleichaltrigen Freundinnen fortgeschrittenen Alters unweigerlich stattfinden, gibt es nicht: über Altersprobleme wird mit der jüngeren Freundin nicht gesprochen, es gibt genug anderes, worüber man zu reden hat. Sicher, *nur* jüngere Freundinnen wären nicht ausreichend. Wir brauchen die Gleichaltrigen, am liebsten natürlich das mit uns alt gewordene Kind aus unserer Klasse, und das nicht nur,

um gelegentlich Jugenderinnerungen miteinander zu teilen. Die alte Schulfreundin kennt unser Leben fast so gut wie ihr eigenes. Und umgekehrt ist es genauso. Da wissen wir, wovon wir sprechen!

Glück hat jede, die über einen Jugendfreund verfügt. »Verfügt« ist hier ganz wörtlich zu verstehen. Gewisse Jugendfreunde, habe ich mir sagen lassen, stehen tatsächlich fast immer zur Verfügung, wenn die Freundin ihrer bedarf. Offenbar gefallen sie sich in der Rolle eines Kavaliers alter Schule, erstaunlicherweise auch dann, wenn sie sich in jungen Jahren nicht gerade als Kavalier auszeichneten. Alte Jugendfreunde sind meist alleinstehend, die Witwer unter ihnen zeigen mehr Fürsorglichkeit als die Junggesellen, erwarten dafür allerdings auch mehr Aufmerksamkeit von seiten der Freundin. Aber im allgemeinen gelten sie als nicht besonders anstrengend. Natürlich muß man sich schon um sie kümmern, wenn sie zum Beispiel mit einer fast echten Grippe darniederliegen. Dafür kann man sie bedenkenlos darum bitten, mitzukommen, wenn der Besuch beim Augenarzt fällig wird, nach dem man vorübergehend halbblind ist und dringend einen stützenden Arm braucht.

Aber Jugendfreunde kommen nicht so oft vor, wie manche Boulevardkomödien einem weismachen wollen. Logisch, daß sie eine Rarität sind: Es waren schließlich die Jungen, die uns anbeteten und die wir dann doch zugunsten eines anderen verschmähten. Oder, noch schlimmer, es war umgekehrt: Wir waren heftig in sie verliebt, sie aber fanden uns nur ganz nett und entbrannten unverständlicherweise für die fade Sommersprossige aus der Nebenklasse. Irgendwann hat es jedenfalls zwischen uns mal geknistert, dann kam ein Kurzschluß, worauf sich unsere Wege trennten. Nur in Glücksfällen trennten sie sich nicht ganz, liefen parallel und mündeten in eine handfeste gute Freundschaft. Solche Jugendfreunde sind ein anderes Kaliber als der Typ, den wir als »einen alten Freund von mir« vorstellen. Mit diesem »alten Freund« hat uns wahrscheinlich einmal mehr verbunden als pure Freundschaft. Er war unser Lover, wie es heute so lässig heißt. Die Affäre endete im beiderseitigen Einvernehmen, aber wir verloren uns nie ganz aus den Augen, und nun sind wir beide in einem Alter, wo wir ehrlichen Gewissens behaupten können, daß wir weiter nichts als gute Freunde sind. Wohl uns, wenn das wirklich stimmt! Wenn es uns im Ernst gelungen ist, den Beweis dafür zu liefern, daß aus Liebe Freundschaft werden kann – was ja nur dann klappt, wenn *beide* etwa gleichzeitig die Liebe ad acta gelegt und sich zur Freundschaft bekehrt haben.

Doch wie auch immer unsere Freunde und Freundinnen aussehen, mit denen wir unser Alter teilen: Wir müssen etwas für diese Freundschaften tun. Wahrscheinlich haben wir sie jahrelang gehegt und gepflegt, sonst würden sie schließlich nicht mehr bestehen. Nun aber dürfen wir nicht anfangen, nachlässig zu werden. Und die Gefahr besteht. Bei unseren gleichaltrigen Freunden/Freundinnen müssen wir voraussetzen, daß sie allmählich ebenso träge werden wie wir. Das heißt: Auch *sie* haben nicht unbedingt Lust, an einem kalten, regnerischen Herbstabend ihr warmes, gemütliches Heim zu verlassen, um bei und mit uns Bridge zu spielen. Auch *sie* fürchten sich im Winter vor Glatteis und früher Dun-

kelheit und sind nicht begeistert von dem Gedanken, nach einem gemeinsamen Theaterbesuch noch spät per U- oder S-Bahn nach Hause zu fahren. So können Freundschaften im Alter leicht verkümmern. Alle Beteiligten sind ein bißchen bequem geworden und ein bißchen ängstlich, und schließlich kann man ja auch miteinander telefonieren. Das Telefon ist eine famose Einrichtung, aber als einziger Kontakt zu seinen Freundinnen reicht es nicht aus, es sei denn, man ist *so* alt, daß eine persönliche Begegnung nicht mehr möglich ist. Doch soweit sind wir noch nicht. Und da hilft nun gar nichts, eine aus dem Freundinnenkreis muß die Initiative ergreifen, egal, ob es glatt, dunkel, regnerisch und spät ist. Sie muß sich und den anderen Freundinnen klarmachen, daß sie zwar alle nicht mehr die Jüngsten, aber auch noch keine Greisinnen sind, daß, mit anderen Worten, keine von ihnen so hinfällig und gebrechlich ist, daß eine Verabredung außerhalb der eigenen Wohnung eine Zumutung wäre.
Wer Kontakte mit seinen Freunden will, muß diese Kontakte pflegen, und das nicht nur telefonisch. Achtzig Prozent der Leute, die sich darüber beklagen, daß sie immer so allein seien, sind selbst daran schuld. Es ist ein schleichender Prozeß: Erst hören die Besuche und gemeinsamen Unternehmungen auf, dann werden die Telefonanrufe spärlicher. Was Wunder, man hat sich ja buchstäblich aus den Augen verloren. Man sieht sich nicht mehr – und dann hört man auch nichts mehr voneinander. Trotzreaktionen kommen hinzu: »Nein, ich rufe Christa nicht an, soll *sie* sich doch melden, *ich* habe erst letzte Woche bei ihr angerufen.« Sehr kindisch, aber weit verbreitet. Und Christa, die nicht nachrechnet, wer wann mit

dem Telefonieren »dran« ist, wundert sich über das Schweigen, greift aber, da auch sie träge ist, nicht selbst zum Telefon. So schlafen Freundschaften zwischen alten Frauen ein. Keine versteht es, jede beklagt sich, niemand unternimmt was.

Freundschaften müssen in Schwung bleiben, egal, wie jung oder wie alt wir sind. Nichts bewegt sich, wenn wir es nicht bewegen. Aber je älter wir werden, desto mehr neigen wir zu einer gewissen Statik, speziell was die sogenannten zwischenmenschlichen Beziehungen angeht. Manche Fünfundsiebzigjährige reist vergnügt in der Weltgeschichte herum, kann sich aber nur schwer dazu entschließen, zwanzig Minuten mit dem Bus zu fahren, um eine Freundin im Krankenhaus zu besuchen.

Solche Trägheit rächt sich eines Tages. Auf einmal haben sie sich alle zurückgezogen, die einstmals guten Freunde, haben andere Kontakte geknüpft, sind auf Reisen gegangen, ohne sich bei uns abzumelden, haben das Interesse daran verloren, mit uns zusammenzusein oder auch nur zu telefonieren. Vielleicht hat unsere eigene Trägheit sie angesteckt, sie würden uns ja ganz gern mal wiedersehen, aber es ist ihnen zu mühsam, sich um das Wann, Wie und Wo zu kümmern.

Vieles ist uns nicht mehr so wichtig, wenn wir älter geworden sind. Bei jeder wird das etwas anderes sein. Freundschaften aber verlieren nicht an Bedeutung – für keinen, wenn er ehrlich mit sich ist. Im Gegenteil, sie werden immer wichtiger. Wie wichtig, das merkt manche erst, wenn die Freundschaft ein Ende genommen hat: durch beider- oder einseitiges Verschulden – oder durch den Tod. Gegen ihn sind wir machtlos, sonst aber liegen

Gedeih und Verderb einer Freundschaft ganz in unserer Hand.
Wir sind nie zu alt, neue Freundschaften zu schließen. Wenn wir aufhören, uns für andere Menschen zu interessieren, neugierig auf Unbekanntes (und Unbekannte) zu sein, haben wir damit begonnen, unser Leben einzustellen. Wir wickeln nur noch ab. Wir lösen langsam auf. Die anderen sind uns ebenso langweilig geworden wie wir uns selbst: sterbenslangweilig. Und da wir uns nicht mehr um andere kümmern, kommt uns auch gar nicht der Gedanke, daß jemand sich noch für uns interessieren könnte. Dabei brauchte es manchmal nur ein bißchen Phantasie und ein ganz klein wenig Mut, um Anschluß zu finden. Mittlerweile wimmelt es in allen größeren Städten von Seniorenclubs, Seniorentreffs, Seniorenprojekten: Theatergruppen sind besonders beliebt. Man wird dort wahrscheinlich nicht gleich Freunde fürs restliche Leben finden, aber vielleicht Menschen, mit denen man Spaß hat. Unternehmungslustige, denen es möglicherweise gegeben ist, die Schüchternen zu enthemmen und die Frustrierten aufzuwärmen. So können Freundschaften besonderer Art entstehen, locker, vergnügt, ungezwungen und anregend. Man muß sich nur trauen, den ersten Schritt zu tun. Die anderen kommen einem dann schon entgegen.
Wir leben im Zeitalter der Partnerschaften, der Begriff nutzt sich allmählich ab, Partner, wohin man sieht, vom Lebenspartner bis zum Partnerlook und zur Partnerstadt. Trotzdem finde ich das »Partnerschaftsprojekt« sympathisch, das sich in Hamburg zwischen einer Gesamtschule und einem Altenheim entwickelt hat. Sechzehn Teenager zwischen zwölf und siebzehn Jahren besuchen regelmäßig

einmal in der Woche die Altenheim-Bewohner zu einem Schwätzchen, einem Spaziergang, zum Schachspielen und gemeinsamen Lesen. Das Resultat: Einige der Jungen und Alten haben sich richtig miteinander befreundet, zum Beispiel die Schachspieler, ein Dreizehn- und ein Dreiundachtzigjähriger, oder eine Zwölf- und eine Achtundsechzigjährige. »Was Ingeborg von ihrem Leben erzählt, finde ich total spannend«, erklärte das junge Mädchen. Langweilen tut sich offenbar keiner mit dem anderen, und jeder scheint stolz auf die ungewöhnliche Freundschaft zu sein. Großelternersatz, Enkelersatz? Wen kümmert das? Wichtig ist nur, daß die ungleichen Partner einander gern haben und jeder sich für den anderen interessiert.

Liebe ist möglich – so der Titel eines Buches. Freundschaft ist auch möglich. In jedem Alter und zwischen Menschen jeden Alters.

8

Der »wohlverdiente Ruhestand« kommt für viele zu früh

Die Blumenhändlerin auf dem Markt, bei der ich im Frühjahr meine Tulpen und im Sommer meine Rosen kaufe, hat keine Lust mehr. Nee, sagt sie, nu will ich meine Ruhe. In diesem Jahr werd ich dreiundsiebzig. Und mein Mann sechsundsiebzig. Jetzt hören wir auf. Wir wollen ja noch 'n büschen was vom Leben haben.
Recht hat sie. Blumen verkaufen ist nicht so leicht, wie es aussieht. Vorm Morgengrauen zum Großmarkt. Die Schlepperei. Bei jedem Wetter am Stand für die Kunden bereit sein. Klamme Hände, kalte Füße, sich die Beine in den Bauch stehen. Ein bißchen leid tut es ihr trotzdem, der Blumenhändlerin, daß sie jetzt aufgibt. Aber sie tut es freiwillig, niemand zwingt sie dazu. Ob sie nicht mal daran gedacht habe, schon früher aufzuhören, frage ich sie. Früher? Nein, warum? Na, vielleicht mit sechzig. Sie lacht mich an, sie lacht mich aus: »Och, da war ich ja noch ganz munter und mein Mann auch. Und Geld verdienen wollten wir auch noch 'n büschen.«
So einfach ist das. So einfach kann das sein. Wer selbständig ist, ob Zahnärztin, Rechtsanwältin, Schneiderin, Blumenhändlerin, Journalistin oder Raumpflegerin, kann

weiterarbeiten bis zum Gehtnichtmehr, buchstäblich. Natürlich arbeitet nicht jeder Selbständige aus purem Spaß an der Freud bis ins vergleichsweise hohe Alter. Manche können sich nicht leisten aufzuhören. Aber die meisten treffen ihre Entscheidung doch eher freiwillig. Wenn sie eine Arbeit haben, mit der sie zufrieden sind, geben sie sie nicht allein deshalb auf, weil sie demnächst ihren sechzigsten oder fünfundsechzigsten Geburtstag feiern.

Für die Nicht-Selbständigen dagegen ist zwischen sechzig und siebenundsechzig Feierabend, ob sie nun wollen oder nicht. Wie gut auch immer sie sein mögen, wieviel Lust, Laune und Talent sie für ihre Arbeit mitbringen – niemanden interessiert das. Sie sind dran. Sie haben abzutreten. Sie werden in den »wohlverdienten Ruhestand« abgeschoben, auch wenn ihnen noch keineswegs nach Ruhe und Stehenbleiben zumute ist. Auf einmal sind sie Rentner, Pensionäre, von heute auf morgen altern sie nun vor sich hin, betroffen und orientierungslos die einen, die anderen grimmig dazu entschlossen, das Beste aus der neuen Situation zu machen. Die einen werden nun zu Hause einen Wirkungskreis suchen und möglicherweise zum Schrekken der Familie werden, die anderen verlegen ihre Umtriebigkeit nach außerhalb, suchen überall nach irgendwelchen Aufgaben, verbringen die Zeit, die sie nun plötzlich allzu reichlich haben, mit nützlichen und unnützen Aktivitäten. Hauptsache ist für sie, daß sie ständig beschäftigt sind und daß sie die häufig wiederkehrende Frage »Was tun Sie denn jetzt so den ganzen Tag?« mit einem betont fröhlichen »Ich habe weniger Zeit als früher« beantworten können. Zeit zu haben gilt unter Rentnern als ehrenrührig. Wer Zeit hat, ist nicht mehr gefragt. Und nicht mehr

gefragt zu sein ist das Schlimmste, was einem Menschen passieren kann.
Es gibt freilich noch eine weitere Kategorie Ruheständler, die fast oder ganz Freiwilligen. Sie haben sich rechtzeitig klargemacht, daß man sie zu einem bestimmten Zeitpunkt abstoßen wird und daß sie diesen Zeitpunkt allenfalls ein wenig hinauszögern können. Aber statt dessen ziehen sie sich sogar lieber etwas früher zurück, denn sie haben, noch im Vorfeld des kommenden Ereignisses, bereits Geschmack an der Sache gefunden, sie sind neugierig auf das zweite Leben, sie haben zwar keine konkreten Pläne, aber viele Ideen – und sie haben, das Wichtigste, keine Angst vorm Nichts-Tun. Die Vorstellung, an einem schönen, sonnigen Vormittag auf einer Parkbank oder im eigenen Garten zu sitzen und nichts zu tun, als dem Zwitschern der Vögel zu lauschen, versetzt diese Leute nicht in Panik, sondern in Entzücken. Der Gedanke, keinen wie immer auch gearteten Terminkalender mehr führen zu müssen, weckt in ihnen keine Minderwertigkeitsgefühle, sondern Begeisterung. Dieser Typ hat eigentlich sein Leben lang auf den Tag gewartet, an dem er aus der allgemeinen Betriebsamkeit ausscheren konnte. Nicht, daß solch ein Mensch etwa mit Unlust und nur unter Zwang gearbeitet hätte. Doch die weitverbreitete Ansicht, daß Müßiggang aller Laster Anfang sei, hat er nie geteilt. Er hat gearbeitet, um zu leben, und nicht gelebt, um zu arbeiten, jedenfalls nicht ausschließlich. Arbeit, hat er sich gedacht, ist schön und gut, aber doch nicht *alles*. So trifft es ihn nicht, wenn seine Stunde kommt und der Ruhestand ihm ins Haus steht. Er weiß noch nicht bis

ins letzte Detail, wie er ihn genießen wird, aber *daß* er ihn genießen wird, steht für ihn fest.
Bei einer Befragung der Behörde für Arbeit, Jugend und Soziales in Hamburg 1985 stellte sich heraus, daß gute sechzig Prozent der Sechzig- bis Vierundsechzigjährigen und siebenundachtzig Prozent der über Fünfundsechzigjährigen weder eine Erwerbstätigkeit – sozusagen als Alters-Nebenarbeit – ausübten noch daran interessiert waren. Allerdings kann man daraus nicht gleich die Schlußfolgerung ziehen, diese Menschen wären mit ihrem tätigkeitslosen Ist-Zustand rundum zufrieden. Die Befragten wußten wohl auch recht gut, wie gering ihre Chancen waren, Arbeit zu finden.
Wenn es den Damen und Herren Politikern wirklich ernst damit ist, daß mehr für die »ältere Generation« getan werden müßte, warum verhindern sie dann nicht, daß ältere Menschen grundsätzlich und ohne Rücksicht auf Leistung und eigenen Willen in den Ruhestand verjagt werden? Warum belassen sie es bei der Nullachtfünfzehn-Lösung, obwohl ihnen bekannt ist, daß die Lebenserwartung steigt? Warum sondern sie Menschen aus dem Arbeitsprozeß aus, die fähig und bereit wären, weiter mitzumachen? Warum wird es nicht in jederfraus Belieben gestellt, ob und wie lange sie auf ihrem Posten bleiben will, wenn sie die Sechzig oder die Dreiundsechzig oder Siebenundsechzig erreicht hat? Es ist nicht zu befürchten, daß dann nur noch Greise am Werk wären. Die Vorruhestandsregelung zeigt, daß viele Menschen bereit sind, früher aufzuhören. In dem Moment, wo es in ihr Belieben gestellt wird, sieht die Sache schon anders aus. Da sagt sich manche: Warum eigentlich nicht? Ich bin noch nicht alt,

mach ich mir doch einen schönen Tag und nehme in Kauf, daß ich weniger verdiene. Zeit ist ja auch Geld.

Aber was soll eine Zwangsgrenze, die sich nur starr am Geburtsdatum orientiert und nicht daran, wie der Mensch beschaffen ist, um den es geht? Und von welchen Voraussetzungen wird hier eigentlich ausgegangen? Ist noch niemandem aufgefallen, daß Menschen heute nicht nur älter werden, sondern auch länger jung bleiben? Vielleicht paßt das nicht in das Konzept gewisser Firmenstrategen, die sich einen dynamischen Manager über vierzig schon nicht mehr vorstellen können. Ihre Nachfolger werden umdenken müssen – allerdings wohl erst irgendwann ab dem Jahr zweitausend. In etwa vierzig Jahren wird jeder dritte Bundesbürger älter als sechzig sein. Dann dürfte sich doch einiges ändern – schade, daß unsere Generation nichts mehr davon hat.

Befürworter einer flexiblen Altersgrenze gibt es in der ganzen Welt. In den USA wurde zwar schon 1935 eine »Regelpensionierung« mit fünfundsechzig Jahren eingeführt, aber sie ist kein Zwang. 1986 wurde vom Kongreß ein Gesetz verabschiedet, das eine Zwangspensionierung ab siebzig (mandatory retirement) verbot. Dabei wurde sicherlich auch berücksichtigt, daß durch die gestiegene Lebenserwartung ein allzu früher Ruhestand der Älteren die Jüngeren finanziell stark belastet. Etwa im Jahr 2020, so taxieren Fachleute, ist ein Fünftel der amerikanischen Bevölkerung älter als fünfundsechzig. Daß niemand gezwungen werden solle, zu einer bestimmten Zeit in Pension zu gehen, war auch eine Empfehlung der Mitgliederstaaten der Europäischen Wirtschaftskommission an die »Weltkonferenz zur Frage des Alterns« im Jahre 1982.

Damals hatte sich Professor Chebotarev, Leiter des Instituts für Gerontologie in Kiew, für ein möglichst langes Aktivbleiben der älteren und alten Menschen ausgesprochen: »Der Mensch, der aufhört, wird früher alt.« Die Vereinigten Staaten stellten bei der Vorbereitungstagung in Wien gar den Antrag, jeden selbst entscheiden zu lassen, wie lange er arbeiten wolle. Es war sicher nicht der erste Antrag, der scheiterte. Altenpolitik international – schön wär's, aber sie klappt ja nicht einmal im nationalen Bereich. Der Weiterbeschäftigung älterer Arbeitnehmer steht entgegen, daß die Zahl der jüngeren Arbeitslosen dramatisch zunimmt, erklären die Gegner der flexiblen Altersgrenze. (Darin sind sie sich auch international einig.) Hier ginge es um Prioritäten. Ja, da haben die über Sechzigjährigen allerdings ganz schlechte Karten. Noch.
Nur hin und wieder wird den Ausgedienten eine Chance geboten. So vermittelt in Bonn eine Gesellschaft namens »Senior Experten Service« (SES) 2500 Fachleute älteren Semesters in die ganze Welt, damit die – offenbar vorwiegend – Herren ihr Know-how dort weitergeben können. Und im Frühjahr 91 rief der Bundesjustizminister höchstpersönlich pensionierte Richter, Staatsanwälte und Rechtspfleger öffentlich auf, »sich beim Aufbau des Rechtsstaates in den neuen Bundesländern zur Verfügung zu stellen«. Dabei wurde den Pensionären – die nicht älter als siebenundsechzig sein durften – eine ganze Menge geboten: steuerfreie Aufwandsentschädigung, Trennungsentschädigung, neben dem bisherigen Ruhegeld die neuen Amtsbezüge. Ja, wie finden wir denn das?
Prompt titelte denn auch die »Frankfurter Allgemeine Zeitung« einen kritischen Bericht über dieses Unterneh-

men so: »Alte Leute für die neuen Länder? Statt der Rentner und Pensionäre aus dem Westen sollten die Jungen beim Aufbau im Osten helfen.« Die »Kriegs- und Aufbaugeneration« habe »ungeheure Belastungen ertragen«, so kommentierte der Verfasser, es sei »beschämend«, ihr jetzt »einen dritten Kraftakt zuzumuten«. Das hört sich nach rührender Rücksichtnahme an, ist es aber nicht, denn es geht dem Autor um etwas ganz anderes, und zwei Zeilen vorher sagt er auch, um was: Die neue Lage in den neuen Ländern setze »in erster Linie Lernfähigkeit und Einfühlungsvermögen voraus, Eigenschaften, die jüngere Leute prinzipiell eher besitzen als ältere«.

Mit anderen Worten: Die Älteren sind nicht mehr lernfähig, und stur wie die Panzer sind sie auch, takt- und gefühllos, wären sie glatt imstande, alle zarten Pflänzlein von aufkeimendem Selbstbewußtsein in Sachsen, Thüringen und Brandenburg niederzuwalzen. Wohingegen die Jüngeren – wie jeder weiß, der die dreißigjährigen Managertypen bei ihren Ostkontakten beobachten konnte – über ein reichliches Maß an Fein- und Fingerspitzengefühl verfügen. Und dieser Autor lehrt auch noch an der Universität Leipzig Europa- und Staatsrecht!

Dabei war im selben Blatt zu lesen, daß – wieder einmal in den USA – Arbeitgeber mit der Weiterbeschäftigung pensionsreifer Angestellter hervorragende Erfahrungen gemacht haben. Da war zum Beispiel eine Motelkette, die nach Problemen mit jüngeren Mitarbeitern gezielt nach Älteren suchte und schließlich nur noch Bewerber einstellte, die die Fünfzig überschritten hatten. Und siehe da – die Ausbildung am Computer dauerte bei ihnen genauso lange wie bei Jüngeren. Außerdem blieben die Älteren dreimal so lange in ihrer Firma und schafften doppelt so viele Buchungen wie die Jungen.

Auch Stars machen mitunter üble Erfahrungen, was ihr Alter betrifft. So Caterina Valente, vorgesehen als Professorin an einer Show-Akademie in Mannheim, die freilich nie über die Planung hinausgedieh (Lothar Späth läßt grüßen!). »Was soll'n wir an so 'ner Schule denn mit 'ner Sechzigjährigen?« erkundigte sich im Landtag ein Herr Oettinger, als das Projekt noch nicht ad acta gelegt worden war.

Es ist zum Verzweifeln. Da mühen sich Alternsforscher aller Länder damit ab, klarzustellen, daß alte Menschen sehr wohl noch in der Lage sind zu lernen, daß Alter nicht gleichbedeutend ist mit Verlust der Intelligenz, daß bei entsprechendem geistigen Training auch alte Menschen intellektuell leistungsfähig bleiben. Unser Intelligenzsystem setzt sich aus vielen Fähigkeiten zusammen, und tatsächlich lassen einige dieser Fähigkeiten im Alter nach. Andere dagegen können fast lebenslang gesteigert werden. Unsere Intelligenz kann also im Alter sowohl wachsen wie auch abbauen. In jedem Fall aber ist dieser Vorgang bei allen Menschen unterschiedlich, läuft das Altern der Intelligenz nicht nach einem einheitlichen Schema ab, biologische und soziale Bedingungen spielen dabei eine Rolle. Allerdings, geistiges Training ist Voraussetzung für ein waches Gehirn. Was nicht gefordert und bewegt wird, rostet ein. Wer aufhört, kreativ zu sein, wer nach der Pensionierung nur noch vorm Fernseher hockt, Illustrierte liest und sich von Radiomusik berieseln läßt, schläfert seine geistigen Fähigkeiten selbst ein. In jeder Phase des

Lebens ist Routine gefährlich – im Alter ist sie nahezu tödlich.
Noch einmal zurück zu den alten Juristen, die so alt ja noch nicht sind: vielleicht sind sie erst zwei oder drei Jahre aus dem Beruf heraus. Was macht es, daß Jüngere in manchem mit Sicherheit flexibler sind? Die Alten bringen dafür eine Lebenserfahrung mit, die ihnen bei ihrer neuen Aufgabe nur nützlich sein kann. Wie lernfähig sie noch sind, wird von ihrer geistigen Beweglichkeit abhängen, aber wenn sie es auf sich nehmen, ihre gewohnte Umgebung zu verlassen und unter wahrscheinlich nicht allzu verlockenden äußeren Bedingungen – vom Finanziellen abgesehen – noch einmal anzufangen, so kann man wohl annehmen: Es wird ihnen nicht schwerfallen, dazuzulernen und sich neuen Gegebenheiten anzupassen.
Aber wer einmal ausrangiert ist, hat das auch zu bleiben. Wer durch die Pensionierung sozusagen öffentlich für alt erklärt worden ist, darf nicht wagen, noch einmal in diese Öffentlichkeit zurückzukehren. Wenn er/sie sich noch betätigen will, dann bitte schön auf sozialem Gebiet, ehrenamtlich, bloß nichts Aufwendiges, Verantwortliches, Anspruchsvolles, am besten etwas, was Jüngere sowieso nicht machen würden. Rückkehr in den Beruf – das fehlte noch!
Nein, auf derartige Extravaganzen ist unsere Gesellschaft nicht eingerichtet. Es muß den Bundesjustizminister schon hart angekommen sein, seinen Aufruf an die Alten unters Volk zu bringen. Schön wäre es natürlich, wenn man sagen könnte: Fein, da ist endlich ein Minister, der erkannt hat, daß das Pensionsalter zu niedrig

angesetzt ist und daß die so frühzeitig in den Ruhestand Geschickten für diesen Ruhestand noch viel zu munter sind. Aber leider liegt der Fall anders. Es gibt nicht genug Junge für die Arbeit, die da verlangt wird.
Die Berufstätigkeit eines Akademikers, so lese ich in »Geo Wissen«, könnte sich demnächst auf fünfundzwanzig Jahre reduzieren, der Ruhestand eines Menschen, der neunzig wird, auf fünfunddreißig erweitern. Für die einen oder anderen mögen das angenehme Aussichten sein. Der Pferdefuß bei der Geschichte ist, daß man nicht wird wählen können. Das Rentenalter wird festgesetzt und damit basta. Sollen die Leute sich doch freuen, daß sie soviel und schon so früh Zeit haben für ihr Privatleben. Nur, wie wird das aussehen? Wie vorbereitet sind die Frühpensionäre? Was haben sie tatsächlich noch von ihrem Leben zu erwarten? Welches Ansehen werden sie genießen – für die meisten Leute äußerst wichtig?
Der Rentner, die Rentnerin – das hört sich arm und alt an, auch wenn es so nicht stimmt. Es riecht geradezu nach sozialem und gesellschaftlichem Abstieg. In Österreich heißen die Rentner Pensionisten, und unsere Unternehmer bezeichnen ihre in den Ruhestand Versenkten höflich als »unsere Pensionäre«. Aber wie sie's auch nennen mögen, der Stachel im Fleisch bleibt. Man wird nicht mehr gebraucht. Wann immer man in der Öffentlichkeit aus diesem oder jenem Grund nach seiner Berufstätigkeit gefragt wird, hat man zu antworten: Rentnerin. Oder sollte man sagen »Hausfrau«? Oder »ohne Beruf«? Was man auch sagt, es ist irgendwie peinlich. Bis vor kurzem war man noch kaufmännische Angestellte, Chefverkäuferin oder Beamtin. Jetzt kann man seine Visitenkarten

wegschmeißen. Oder hinter die Berufsbezeichnung ein kleines »a. D.« – außer Dienst – setzen.

Sie werden ihre Ansichten revidieren müssen, die Rentnerinnen und Rentner von demnächst, und es kann nicht schaden, wenn das auch die tun, die schon heute oder morgen vom unfreiwilligen Ruhestand betroffen werden. Es wäre, meine ich, allzu optimistisch zu glauben, daß das Rentenalter in absehbarer Zeit nennenswert heraufgesetzt oder die Altersgrenze flexibel gehalten wird. Nein, eher ist anzunehmen, daß alles bleibt, wie es ist, oder daß sich die Ruhezeit sogar noch verlängert.

Immer jüngere Alte werden dann immer mehr Zeit haben, mit der sehr viele nichts anzufangen wissen. Sie werden sich darauf vorzubereiten haben, wenn sie nicht riskieren wollen, in eine Talsohle von Depression und Unzufriedenheit abzurutschen. Und die beste Vorbereitung ist: lernen, unabhängig von draußen zu werden. Draußen – das sind die anderen. Wir ziehen uns nicht etwa gekränkt von der Welt zurück, im Gegenteil, aber wir betrachten sie aus neuer Sicht. Die anderen leben ihr Leben und wir das unsere, das sich jetzt von ihrem deutlich unterscheidet. Draußen – das ist auch unser Beruf, der so lange ein wesentlicher Teil unseres Lebens war. Nicht erst zum Zeitpunkt der Pensionierung sollten wir daran denken: Den Beruf wichtig nehmen, aber uns nicht mit ihm identifizieren. Wenn er uns total ausfüllt, wenn wir geradezu in ihn flüchten, machen wir einen Fehler. Es muß einen Abstand geben zwischen uns und dem, was wir tun. Auch dann, wenn wir durch unsere Tätigkeit bestimmte Privilegien genießen, gesellschaftliche Anerkennung, durch die wir uns geschmeichelt fühlen und die unser Ego streichelt.

Das alles sollten wir durchschauen, möglichst früh. Das Spielchen erkennen, auf das wir uns eingelassen haben. Genau das ist es: wir spielen in einem Spiel mit. Kein Grund zum Verzweifeln, wenn es endet.

Sobald uns das klargeworden ist, haben wir den ersten Schritt aus der Abhängigkeit getan. Und das ist entscheidend dafür, wie wohl oder unwohl wir uns fühlen werden, wenn unsere Berufstätigkeit endet. Wir müssen reinen Tisch machen, bevor der Ruhestand beginnt. Wer glaubt, es nicht allein zu schaffen, sollte keine Hemmungen haben, mit jemand Vertrautem darüber zu sprechen oder sich einem Psychologen anzuvertrauen. Es geht nicht darum, sofort etwas zu finden, womit die Zeit nach dem Arbeitsleben ausgefüllt werden kann – Möglichkeiten gibt es genug. Das Problem liegt tiefer, es besteht darin, daß wir auf einmal eine neue Identität bekommen, eine Identität, mit der wir uns erst anfreunden müssen, mit der wir uns schwertun, weil sie uns scheinbar deklassiert, zurückstuft, herabwürdigt.

Sobald die ungewollten Ruheständler – die von heute ebenso wie die von morgen – sich bewußt werden, daß ihr Leben mit dem Beruf keineswegs ihr ganzes Leben war, daß Neuland vor ihnen liegt, das sie beackern und erobern können – sobald sie das entdeckt haben, wird der Ruhestand kein Stillstand mehr sein, wird es dieses unangenehme, passive Wort gar nicht mehr geben. Sie werden einfach noch einmal anfangen zu leben. Das Vergangene ist abgetan, weg damit. Schön, wenn der Beruf einem Freude gemacht hat, wenn man seinen Arbeitstag nicht bloß widerwillig hinter sich bringen mußte, schön, wenn man jetzt sagen kann: Es war keine verlorene Zeit. Aber ab

jetzt sind wir unabhängig, und mit dieser Unabhängigkeit werden wir etwas anfangen, etwas Neues. Überlegen wir in aller Ruhe, was das sein könnte.
Wer so an die Zeit »danach« herangeht, wird sicher nicht von der Angst befallen, nunmehr überflüssig oder minderwertig zu sein. Minderwertig ist eher ein Gesellschaftssystem, das den Wert eines Menschen über seinen Job definiert und diesen Menschen dann nach dem Wegwerfprinzip wie einen toten Gegenstand gegen etwas Neues austauscht. Schon dem Heranwachsenden wird von allen Seiten suggeriert, daß eine tolle Position im Leben das Wichtigste und Bedeutsamste ist. Man ist nur wer, wenn man wer ist. Da fällt es dann schon schwer, auf einmal ein Niemand zu sein.
Wir können, so scheint es, im Augenblick an diesem System nichts ändern. Aber wir dürfen seine Wertvorstellungen ebenso wie seine Moral in Frage stellen.
Und das sollten wir tun. Die Alten und die Jungen.

9

Die Ängste des Alters

»Geh vorsichtig«, sagt die Tochter, dreiundvierzig, zu ihrer Mutter, dreiundsiebzig. Neulich ist die ältere Dame auf der Straße gestürzt. Außer einer Schramme an den Knien und blauen Flecken hat sich die Mutter zwar nichts getan, aber der Schock ist nachhaltig, nachhaltiger, als wenn jemand Junges auf die Nase fällt, was ja auch vorkommt. Doch bei jungen Leuten stellt sich kaum die Frage: Wie ist das eigentlich passiert? Man stürzt doch nicht so einfach, es sei denn, da liegt eine Bananenschale, oder der Gehweg ist uneben. Im Falle der Dreiundsiebzigjährigen spielte weder eine Bananenschale noch eine Stolperschwelle mit. Sie ist eben nur hingefallen – einfach so. Eigentlich brauchte man keinen Gedanken mehr daran zu verschwenden, aber genau das tut die Gestürzte. Sie überlegt: Warum bin ich bloß gefallen? Vielleicht war mir ein bißchen schwindlig, manchmal ist mir schon ein bißchen schwindlig, aber nie so schlimm, daß ich wacklig werde. Doch es könnte so gewesen sein. Und wenn es so war, kann es wieder passieren, und wieder sozusagen aus heiterem Himmel. Der Gedanke ist nicht angenehm. Er macht sie unsicher. Er macht sie ängstlich. Daß ihre Tochter nun jedesmal, wenn sie ihre Mutter sieht, eine Ermahnung zur Vorsicht beim Gehen anbringt, verstärkt diese Ängstlichkeit. Ich werde tatsächlich alt, denkt die Mutter.

Wahrscheinlich hat ihr kleiner Unfall mit Altersschwäche nicht das Geringste zu tun. Wahrscheinlich ist sie, wie Jüngere auch, über ihre eigenen Füße gestolpert. Aber wenn man in ein gewisses Alter kommt, kriegen manche Dinge ein ganz anderes Gewicht. Wenn wir uns beim Zwiebelschneiden in den Daumen säbeln, wenn uns beim Abwasch ein Glas aus der Hand fällt, wenn wir vergessen, den Brief einzustecken, den wir uns doch extra herausgelegt haben, so taucht jedesmal im Hinterkopf der Gedanke auf: Du wirst also alt. Du wirst ungeschickter und vergeßlich.

Vergeßlichkeit ist überhaupt das Allerpeinlichste. Wie war doch die Telefonnummer von Lilo? Ich müßte sie auswendig wissen, ich hab sie mal auswendig gewußt, oder nicht? Nicht mal das weiß ich mehr! Und wie hieß der Film, den ich vorige Woche gesehen habe und den ich Marion empfehlen wollte? Wieso fällt mir der Titel nicht mehr ein? Ich gehe von der Küche ins Bad, und dort frage ich mich, was ich hier eigentlich wollte. Erst als ich wieder in der Küche bin, weiß ich's: Ich wollte die Dose Scheuerpulver holen. Ich will eine Tasse aus dem Küchenschrank nehmen und greife nach einem Teller. Was ist bloß los mit mir? Ich werde alt.

Ich erzähle Lilo irgendeine Begebenheit, und Lilo sagt nach dem zweiten Satz: »Ich weiß, das hast du mir schon erzählt.« Sie sagt es nicht genervt oder vorwurfsvoll, aber ich erschrecke und denke: Jetzt geht es los. Jetzt fange ich an, mich zu wiederholen, erzähle womöglich alles fünf-

mal, ohne es zu wissen, vorläufig noch in Abständen von Tagen, aber bald werden diese Abstände kürzer werden, und alle merken, daß ich langsam senil werde.
Senilität. Das ist das Schlimmste, schlimmer als jedes körperliche Gebrechen. Senil werden, davor hat man die größte Angst. Das Schreckgespenst Alzheimersche Krankheit lauert im Hintergrund. Jede kennt jemanden, der oder die so einen Fall in der Familie oder der näheren Bekanntschaft hat. Ängstlich horcht man in sich hinein. Jede Fehlleistung, auch die kleinste, scheint ein Hinweis auf den beginnenden geistigen Verfall.
Zum Thema Senilität finde ich Trost im Buch eines sehr guten alten Freundes. Der Wiener Schriftsteller und einstmals gefürchtete Theaterkritiker Hans Weigel schreibt in »Große Mücken, kleine Elefanten«: »Senil – das ist nicht alt, auch nicht greisenhaft. Senil – das ist ein ganz bestimmtes Nachlassen der Kräfte. Solange man aber merkt, daß man senil ist, ist man nicht senil.« Der Autor selbst war, als er 1991 mit dreiundachtzig Jahren starb, überhaupt nicht senil. Ich weiß es nicht genau, aber ich bin fast sicher, daß er wieder ein neues Buch im Kopf hatte.
Für viele Ängste gibt es einen Ausgangspunkt: die Furcht vorm Alleinsein im Alter. Hier sind – rein zahlenmäßig – vor allem Frauen betroffen. Frauen sind unter der älteren und ältesten Bevölkerung Deutschlands in der Überzahl. Zum Teil erklärt sich das immer noch aus den Männerverlusten zweier Weltkriege. Der Bericht der Sachverständigenkommission nennt Zahlen: Ohne die Toten beider Weltkriege würde das Zahlenverhältnis Frauen zu Männern bei den über Fünfundsechzigjährigen hundertvierzig zu hundert betragen – jetzt steht es hundertneunzig zu

hundert. Und die Zahl der Frauen über fünfundsiebzig ist mit 3,1 Millionen sogar mehr als doppelt so hoch wie die der 1,4 Millionen Männer dieses Alters. Dabei ist in dem 1990 abgeschlossenen Bericht die DDR noch nicht berücksichtigt. Frauen leben länger als Männer. Warum, ist nicht endgültig zu beantworten. Genetische Gründe mögen dabei mitspielen. Aber es ist so. Ein relativ großer Teil älterer Menschen ist verheiratet und führt in Zweiergemeinschaften einen Haushalt. Die zweitgrößte Gruppe unter den Älteren aber besteht aus *allein*lebenden Frauen – die meisten von ihnen sind verwitwet. Den höchsten Anteil an dieser Gruppe haben die Sechzig- bis Vierundsiebzigjährigen (1988: 16,6 Prozent). Fünfundsiebzig Jahre und älter waren 1988 15,2 Prozent. Wir können annehmen, daß es inzwischen mehr geworden sind. Leider müssen wir auch davon ausgehen, daß ein großer Teil dieser im Alter alleinstehenden Frauen unter ihrem Alleinsein leidet. Untersuchungen haben ein paar Gründe dafür herausgefiltert. Viele alleinlebende ältere Frauen können sich nicht mit dem Verlust des Ehemannes und der Familie abfinden. Nachdem der Mann tot ist und die Kinder das Haus verlassen haben, fühlen sie sich leer und unvollständig. Tatsächlich empfinden sie diese Leere um so stärker, je mehr sie materiell und emotional an Ehe und Familie gebunden waren. Ihr Leben lang haben sie sich an diesem Leitbild orientiert, »Emanzipation« niemals angestrebt. Jetzt können ihnen auch andere Kontakte den Verlust nicht ersetzen.

Wesentlich besser dran sind dagegen Frauen, die mit ihrem Alleinsein alt geworden sind, die nie mit einer eigenen Familie gelebt, aber sich dafür einen größeren Freundes-

kreis geschaffen haben. Ihre Furcht vor möglicher Einsamkeit hält sich in Grenzen, sie wissen zwischen einsam und allein sehr wohl zu unterscheiden.
Da immer mehr Frauen berufstätig sind und sich nicht nur ausschließlich auf Ehe und Familie konzentrieren, mag die nächste Generation der älteren Witwen besser mit ihrem Schicksal fertig werden. Die Emanzipation ist zum Glück nicht mehr zu bremsen. Doch das tröstet die jetzt Betroffenen nicht, denen ihre Vereinsamung angst macht. Und es ist schwer, ihnen überhaupt Trost zu geben – im Grunde wollen sie ihn gar nicht. Sie waren fixiert auf ihr Familienleben und *eine* Bezugsperson, ihren Mann. Nachdem das Haus nun leer ist, interessiert sie alles andere nicht mehr. Aber genau das müssen sie: wieder am Leben teilnehmen. Niemand außer ihnen selbst kann ihnen wirklich helfen. Es ist heute nicht mehr schwer, auch im Alter noch Kontakte zu knüpfen, es gibt eine Menge Möglichkeiten, aus der Isolation herauszukommen, aber sie selber müssen den ersten Schritt tun.
Die Ängste des Alters: Wir haben sie alle. Bei jeder sehen sie anders aus. In Hamburg haben Frauen und Männer zwischen sechzig und sechsundsiebzig unter Anleitung von Künstlern versucht, sich ihre Ängste von der Seele zu schreiben, zu malen, zu modellieren. Eine beachtliche kleine Ausstellung kam zustande. Da mischten sich alte und neue Ängste, oft kam Krieg vor, aber auch ganz Banales, Alltägliches: die Furcht vor Taschendieben, jugendlichen Rowdies, vor Umweltzerstörung und vor dem Ende in einem Pflegeheim. Die Angst, auf der Straße überfallen und beraubt zu werden, ist ja durchaus begründet. Von solchen Überfällen wird fast täglich in der Zei-

tung berichtet. Es sind keine eher harmlosen Taschendiebstähle von geschickten Langfingern, nein. Es trifft auch nicht immer nur die Gebrechlichen, sehr Alten. Nicht nur das sprichwörtliche Mütterchen, die Oma, die naive Alte, die auf keinen Fall ihre Handtasche zu Hause lassen will, wenn sie auf den Friedhof geht. Nicht nur die Achtzigjährige, die sich ihre Rente immer noch – natürlich ohne Begleitung – vom Postamt abholt. Es kann alle Frauen treffen, die nicht mehr so aussehen, als würden sie sich erfolgreich wehren, heftig reagieren oder dem Dieb gar nachrennen können. Eine ältere Frau tat das, so war in der Zeitung zu lesen, und dafür kriegte sie dann noch eine Ladung Tränengas ins Gesicht gesprüht. Nie wird diese Frau mehr ganz ohne Angst auf die Straße gehen können. Jede Überfallene hat ihren Schock weg. Das gilt natürlich auch für jüngere Opfer – nur, die Älteren und Alten erholen sich schwerer. Manche traut sich kaum noch aus dem Haus. Und den meisten alten Frauen fällt es schwer, ihr Verhalten zu ändern, zum Beispiel die Tasche nicht mitzunehmen, wenn sie einkaufen geht, sondern das Portemonnaie, den Ausweis und den Schlüssel im Brustbeutel, in der Innentasche des Mantels, in einem Gürteltäschchen zu deponieren. Oft sind diese Ängstlichen dann allerdings von geradezu selbstzerstörerischem Leichtsinn, wenn es an der Tür klingelt und Fremde mit einem Trick versuchen, eingelassen zu werden. In der eigenen Wohnung haben sie offenbar weniger Angst. Da kann doch nichts passieren. Aber es passiert.
Es gibt auch noch ziemlich alte Frauen, die spätabends arbeiten. Zum Beispiel die Garderobieren in Theatern, viele, die meisten von ihnen, sind über das Rentenalter

hinaus und verdienen sich etwas nebenher. Wenn die Vorstellung zu Ende ist, fahren sie mit Bus oder Bahn heim, in irgendeinen Vorort. Taxen können sie sich nicht leisten. »Ich hab nie 'ne Tasche dabei, steck alles in den Mantel. Und da hab ich auch was zum Sprühen und so 'n kleines Alarmgerät«, erzählte mir eine resolute Weißhaarige. Doch, sie hatte Angst auf dem nächtlichen Heimweg. Aber sie fühlte sich nicht total hilflos.

Gewalt, gegen die wir uns im Alter kaum schützen können, weil wir die Schwächeren sind – das macht uns schon angst. Doch irgendwie ist es eine realere Angst, und sie hat nichts mit eigenem Versagen zu tun. Die Angst zu versagen sitzt sehr tief und ist allgegenwärtig. Sobald uns etwas schiefgeht, wenn wir stürzen, etwas zerbrechen, etwas vergessen, uns im Gespräch wiederholen, unkonzentriert sind, schieben wir es auf unser Alter. Lassen uns nicht davon trösten, daß jüngere Menschen unter genau denselben Symptomen leiden, oder vielmehr nicht leiden, denn sie nehmen alles das, was uns als Warnsignal erscheint, überhaupt nicht ernst. Ich hab mal wieder nicht aufgepaßt, sagen sie höchstens, oder: Hab ich glatt verschwitzt, oder: Hab ich vergessen, war ja auch nicht so wichtig. Und auch jüngere Leute stehen manchmal mit einem Putzlappen im Bad und wissen nicht mehr, was sie damit eigentlich dort wollten. Aber wenn sie uns das erzählen, haben wir sofort eine Entschuldigung für sie parat: Im Gegensatz zu uns stehen sie unter beruflichem Streß oder unter Schulstreß, müssen tausend Sachen im Kopf haben, und was ist mit uns? Für uns kommen solche Ausreden nicht mehr in Frage.

Dabei haben auch wir einen Alltag, der uns auf irgendeine

Weise fordert, ob wir nun allein leben oder nicht. Gewisse Dinge müssen von uns erledigt und bedacht werden, wir haben bestimmte Pflichten, kümmern uns um dieses und jenes. Im allgemeinen klappt alles. Wir könnten durchaus mit unseren Leistungen zufrieden sein. Wenn da eben nicht diese diffuse Versagensangst wäre. Dieses Mißtrauen gegen uns selbst. Diese Furcht davor, etwas plötzlich nicht mehr zu können.

Die Umwelt, die es ja bekanntlich immer so gut mit uns alten Menschen meint, trägt häufig zu unserer Ängstlichkeit bei. Vom besorgten »Geh vorsichtig« bis zu »Wird es dir nicht zuviel?« suggeriert sie uns, ohne es zu wollen, daß uns das Alter mit all seinen üblen Erscheinungen nun eingeholt hat. Nein, wirklich gebrechlich sind wir noch nicht, senil auch nicht, aber unsere Mitmenschen sehen weiter als wir. Und lassen uns in aller Güte schonungslos ahnen, daß es bald soweit sein wird.

Möglich, daß ihre Vision nicht aus der Luft gegriffen ist. Daß wir tatsächlich eines schlechten Tages zu der hilflosen Person werden, als die sie uns sehen. Wenn es dazu kommen sollte, werden wir mit der neuen Situation fertig werden müssen und hoffentlich bereit sein, Hilfe anzunehmen. Aber soweit ist es ja noch gar nicht!

Im Augenblick tun wir gut daran, uns um das Nächstliegende zu kümmern und uns jeden Tag ein bißchen zu fordern, körperlich wie geistig. Sprachkenntnisse aufzufrischen ist besser, als Kreuzworträtsel zu lösen, was für die meisten alten Leute nur noch eine Routineangelegenheit ist. Sich (wieder) mit einer Fremdsprache zu beschäftigen tut den kleinen grauen Zellen gut und verhilft zu ganz ungeahnten Erfolgserlebnissen. Ich war sechzig, als

ich praktisch anfing, Englisch zu lernen. Mit großem Erstaunen stellte ich fest, daß ich durchaus noch imstande war, Vokabeln zu lernen. Heute kann ich mich ganz gut verständigen und, o Wonne, englische Bücher lesen (wenn sie nicht gar zu kompliziert sind).
Ein namhafter Neurologe, Professor Dr. Klaus Kunze, meinte in einem Zeitungsinterview: »Es ist eine Tatsache, daß Leute, die ihr Gehirn trainieren, auch länger intellektuell leistungsfähig bleiben.« Deshalb solle man »generell schon während der Berufszeit so etwas wie ein mehrgleisiges Denken einführen.« Die üblichen Hobbys reichen seiner Meinung nach nicht aus: »Es muß etwas anderes sein, etwas, das man engagiert und ernsthaft angeht. Damit muß man sich auflehnen gegen die innere Berentung, gegen die innere Emigration, gegen das Zurückziehen aus der Geschäftigkeit des Lebens.« Auf die Frage des Reporters, ab wann man denn mit dieser »Auflehnung« beginnen solle, antwortete der Professor (Jahrgang 1933): »Ich meine, man sollte es spätestens dann tun, wenn Freunde einem zu sagen beginnen, man könnte nun langsam an die Pensionierung denken.«

10

Autofahren – muß das (noch) sein?

Eine gute Freundin, die ihr Leben lang keine Zeit und wohl auch keine rechte Lust hatte, Autofahren zu lernen, vertraute sich mit fünfundsechzig einem Fahrlehrer an. Jetzt ist sie sechsundsechzig, hat etwa fünfunddreißig Fahrstunden hinter sich und ist total begeistert. Anfangs war es nicht ihr Ziel, tatsächlich den Führerschein zu machen. Inzwischen kokettiert sie wenigstens mit dieser Möglichkeit. Netterweise bestärken ihre beiden Töchter und ihr Sohn sie – ihr Mann lebt nicht mehr. Keiner gibt zu bedenken: »In deinem Alter noch Autofahren? Muß das sein?«

Anscheinend. Die Zahl der älteren Autofahrer und -fahrerinnen wächst ständig. Die Frauen sind dabei zwar immer noch in der Minderheit, aber auch sie legen zu. Im Vergleich zu 1985, so das Ergebnis einer Modellrechnung des Instituts für angewandte Sozialwissenschaften Bonn, wird sich im Jahr 2000 in der Altersgruppe der Siebzig- bis Neunundsiebzigjährigen der Prozentsatz der Führerscheinbesitzer verdoppelt haben. Nun sagt das zwar noch nichts darüber, wie viele von ihnen dann auch tatsächlich noch am Steuer sitzen werden. Aber wahrscheinlich wird auch im Jahr 2000 dasselbe wie heute gelten: daß nämlich die älteren bis alten Autofahrer nicht seltener fahren als junge – sie fahren im allgemeinen nur kürzere Strecken. Sie vermeiden Fahrten während der Rush hour und bei extrem schlechtem Wetter – zum Beispiel bei Glatteis. Wenn sie ein neues Auto kaufen, legen sie größeren Wert darauf, daß es handlich, wirtschaftlich und bequem ist – die PS-Stärke ist für sie nicht mehr so interessant. Von Ausnahmen natürlich abgesehen. Da lese ich zum Beispiel, daß der einundachtzigjährige Ferry Porsche gerade seinen Bootsführerschein für 460-PS-Boote gemacht hat. Auf der Straße fährt er, so informiert mich der »stern«, ein Carrera-2-Cabrio, aber nur für ein paar Wochen, dann steigt er auf den nächsten Porsche um. Nun ja, mit der Sorte kennt er sich aus. Der Reporter, der ihn bei einer Fahrt begleitet, ist begeistert: »... nur eine Hand am Lenkrad, die andere am Knüppel der Automatik. Lässig und entspannt, Erfahrung hat er ja genug...« Das stimmt sicher. Wahrscheinlich fährt der Herr Porsche mit seinen einundachtzig Jahren immer noch um Welten besser als mancher Einunddreißigjährige, von den Einundzwanzigjährigen ganz zu schweigen. Trotzdem ist mir ein einundachtzigjähriger Porschefahrer schon ein bißchen unheimlich, auch wenn es sich um Herrn Porsche persönlich handelt. Aber dazu muß ich wohl sagen, daß mir superschnelle Autos, egal, wer mit ihnen herumrast, nicht besonders sympathisch sind.

Nun ist Autofahren heutzutage – mit einiger Berechtigung – in schlechten Ruf geraten. So stellt sich generell, nicht nur, wenn es sich um ältere und alte Führerscheinbesitzer oder -anwärter handelt, die Frage: »Muß das sein?«

Was die Älteren und Alten betrifft, werden die meisten von ihnen vermutlich mit einem klaren Ja antworten. Sie haben gute Gründe. Das eigene Auto macht sie zu einer Zeit, in der sie nicht mehr so besonders gut zu Fuß sind, tatsächlich mobiler. Nicht überall gibt es bequeme Verkehrsverbindungen, und wenn, sind sie nicht immer sehr attraktiv – schon gar nicht für ältere und alte Menschen. Manch eine scheut die Bahnfahrt am Abend auch, weil sie Angst vor Belästigungen oder gar Überfällen hat. Im eigenen Auto fühlt sie sich sicher. Man kann's ihr nicht verdenken.
Aber Autofahren ist für Ältere nicht nur eine Sache der Bequemlichkeit, des Komforts. Auf den Führerschein zu verzichten, ihn eines Tages abzugeben, das ist ein Stück Entmündigung. Das Eingeständnis von altersbedingter Unzulänglichkeit: nun ist es also soweit, nicht einmal *das* können sie mehr! Eine der letzten Bastionen ihrer Selbständigkeit und Unabhängigkeit fällt. Sie werden im wahrsten Sinne des Wortes aus dem Verkehr gezogen. Kein Wunder, daß sie diesen Moment so lange, wie es geht, hinauszögern. Außerdem, sie passen schon auf, wenn sie am Steuer sitzen. Sie trinken nicht, wenn sie fahren: es ist statistisch erwiesen, daß Unfälle durch Alkohol bei alten Fahrern kaum vorkommen. Gewiß, sie nehmen ein paar Medikamente, aber das ist nicht der Rede wert. Seit vierzig Jahren haben sie ihren Führerschein! Und sind sie nicht immer, ein Leben lang, unfallfrei gefahren?
Das ist alles richtig. Trotzdem: An gewissen Tatsachen kommt man nicht vorbei. Der Straßenverkehr ist nicht mehr das, was er war, als die Fünfundsiebzig- bis Achtzig-

jährigen ihren Führerschein machten. Es herrscht Wildwest, nicht nur auf Landstraßen und Autobahnen. Wer da mithalten oder vielmehr mitfahren will, braucht starke Nerven und blitzartiges Reaktionsvermögen. Wie gut können sie sich noch darauf verlassen? In drei Vierteln der Fälle, sagt die Statistik, sind alte Autofahrer selbst am Unfall schuld. »Alt« ist dabei ab fünfundsiebzig angesetzt. Statistisch gesehen verdoppelt sich das Unfallrisiko erst von diesem Alter ab gegenüber den sogenannten mittleren Altersgruppen, obwohl die über Fünfundsiebzigjährigen dem Anteil nach nur etwa halb so viele Unfälle verschulden wie die unter Fünfundzwanzigjährigen. Doch die Handicaps nehmen jenseits der Siebzig unbestritten zu. Ein Drittel aller Siebzig- bis Achtzigjährigen sieht so schlecht, daß sie bei Dunkelheit eigentlich nicht mehr ans Steuer dürften. Tests in dieser Altersgruppe waren recht niederschmetternd: Jeder Fünfte übersah mindestens einmal die rote Ampel oder Stoppsignale und mißachtete die Vorfahrtsregeln.

Nun kann man natürlich sagen: Das passiert Jüngeren auch. Auch jüngere sehen schlecht, reagieren verspätet, kümmern sich nicht um Vorfahrtsregeln und machen beim Fahren Fehler, die tödlich sein können. Immerhin: 1989 verursachten ältere Autofahrer vier Prozent aller Verkehrsunfälle in der BRD, Fahrer zwischen achtzehn und fünfundzwanzig aber 27,5 Prozent! Nur, in manchen Verkehrssituationen geraten die Älteren eher in Bedrängnis als die Jungen. Auf einem Seminar »Mobil und aktiv – der ältere Autofahrer« nannte ein Vertreter des TÜV Beispiele dafür. Mit Vorfahrt, Einordnen in den fließenden Verkehr, Linksabbiegen, Umkehren und Rückwärts-

fahren kann es Probleme geben. Beim Verkehrsverhalten spielt eine entscheidende Rolle, wie gut oder schlecht ein Mensch Informationen verarbeiten kann, die sich aus einer bestimmten Situation ergeben. Grundsätzlich können, so ein Wissenschaftler, ungefähr fünfzehn Sachverhalte gespeichert werden. Die sind als Informationsbasis nötig, wenn man richtig reagieren will, also sein Fahrverhalten der Situation anpassen. Wie gut es mit diesem »Informationshaushalt« stimmt, so die Fachleute, sei für die Fähigkeiten eines Autofahrers ein besserer Maßstab als sein Alter. Doch wer weiß schon so genau, ob sein »Informationshaushalt« gestört ist? Und welcher Autofahrer, ob jung, ob alt, hält sich nicht für nahezu unfehlbar, was seine Fahrkunst angeht? Oder könnte man vielleicht bei den älteren Autofahrern ein wenig mehr Selbstkritik und Verantwortungsgefühl voraussetzen?
Grundsätzlich kann man das anscheinend. Der Präsident der Bundesanstalt für Straßenwesen, Professor Heinrich Praxenthaler, erklärte, die abnehmende Leistungsfähigkeit älterer Menschen werde wenigstens teilweise durch Erfahrung und Sorgfalt kompensiert. Auf Autobahnen fahren sie langsamer und fädeln sich bedächtiger ein als die Jüngeren. Sie verlassen die Überholspur, sobald sie wieder einscheren können. Dasselbe Bild auf der Landstraße: keine überhöhte Geschwindigkeit, kein abruptes Beschleunigen, es wird eher gebremst. Wir können also annehmen, daß die meisten Älteren durchaus wissen, was sie tun, wenn sie sich ans Steuer setzen, obwohl ihnen bekannt ist, daß sie weniger gut sehen (trotz Brille) und hören als früher und daß sie schreckhafter, nervöser geworden sind. Ein Restrisiko müssen sie dabei allerdings in

Kauf nehmen. Ob er das will, muß jeder mit sich selbst aushandeln: Von Staats wegen bleibt ihm die Fahrerlaubnis erhalten bis zu seinem seligen Ende. In der Europäischen Gemeinschaft wurde schon darüber diskutiert, ob sich nicht über fünfundsiebzigjährige Autofahrer regelmäßig auf ihre Fahrtüchtigkeit untersuchen lassen sollten. Mediziner befürworteten das, der Verband für Körperbehinderte in der BRD protestierte, und die Bundesregierung hatte Bedenken. Vernünftig ist dieser Vorschlag sicher. Aber ich finde, er sollte freiwillig befolgt werden. Arztbesuche sind schließlich bei fast jedem älteren und alten Menschen die Regel – es wäre also überhaupt kein Problem, dabei auf das Thema Autofahren zu sprechen zu kommen. Aber abwälzen läßt sich die Verantwortung natürlich nicht. Und im Grunde weiß das jeder, der Auto fährt. Manche wollen eben nur nicht wahrhaben, daß es für sie – und nicht nur für sie – besser wäre, auf den Führerschein zu verzichten.

Auf einer Festlichkeit, die in einem Landgasthaus etwa hundert Kilometer von Hamburg stattfand, saß ich bei Tisch neben einem reizenden Herrn in den Siebzigern. Wir unterhielten uns gut, obwohl er stark schwerhörig war. Er hatte auch ein bißchen Mühe, beim Essen den Löffel in den Mund zu führen. Als das Fest am späten Nachmittag endete, erbot er sich, mich zurück in die Stadt zu fahren – er war mit seiner Familie gekommen. Ich zog es vor, die Bahn zu nehmen. Auch seine jüngere Frau hatte einen Führerschein, aber *er* fuhr. Ich bin überzeugt, daß er vorsichtig gefahren ist, aber ich bin ebenso überzeugt davon, daß es Verkehrssituationen gibt, wo Vorsicht allein nicht genügt.

Mir ist klar, daß der freiwillige Verzicht auf den Führerschein eine harte Sache bleibt. Muß man nicht im Alter schon auf genug Dinge verzichten, die zur Lebensqualität gehören? Diät halten, obwohl einem Süßes und/oder Alkohol doch so gut schmecken? Und nun soll man sich auch noch dies versagen. Es tröstet nicht, daß man sich auch schon mal ein Taxi leisten könnte oder daß nette Menschen sich für Transporte anbieten. Der Psychiater Professor Gerhard Rudolf: »Das eigene Auto in der Garage ist unendlich viel mehr wert als jedes Taxi vor der Tür.«
Bleibt der Appell an die Vernunft. Es wäre idiotisch, eine bestimmte Altersgrenze festzusetzen, bis zu der Autofahren grundsätzlich gestattet ist. Die meisten von uns Älteren wissen recht gut, was sie sich zumuten können. Wann es zum Beispiel nicht mehr ratsam ist, eine nicht ungefährliche Bergkraxeltour mitzumachen. Oder im eigenen Haushalt auf die Leiter zu steigen und Fenster zu putzen. Wir lassen's einfach bleiben, es ist uns schlichtweg zu gefährlich. Allerdings: Wenn eine Achtundsiebzigjährige immer noch auf die Leiter klettert, um eigenhändig ihre hohen Fenster zu putzen, ist das Risiko allein ihre Sache. Wenn diese selbe Frau sich ans Steuer setzt, obwohl sie schwere Medikamente nehmen muß und nur noch schlecht sehen und hören kann, so handelt sie verantwortungslos. Nicht weniger leichtfertig als ein Dreißigjähriger, der unter Alkohol fährt. Wenn unsere Vernunft uns eines Tages warnt, sollten wir diese Warnung annehmen. Egal, ob das mit neunundsechzig oder fünfundsiebzig oder achtzig geschieht. Es gibt wirklich genug schlechte und verantwortungslose Autofahrer jüngerer Jahrgänge. Lassen wir sie doch unter sich. Machen wir uns doch selbst

nichts vor. Vielleicht sollte der Staat Prämien an diejenigen verteilen, die einsichtig genug sind, ihren Führerschein freiwillig abzugeben. Vielleicht sollten solche Mutigen öffentlich belobigt und geehrt werden, so, wie man das früher mit denen tat, die viele Jahre unfallfrei fuhren. (Soviel ich weiß, gibt es diese Ehrung nicht mehr: zuwenig Anwärter?)

Einsicht statt Versagensangst. Vernunft statt törichter Eitelkeit und falschen Schamgefühls. Ich bin alt genug, um auf mein Auto zu verzichten. Hört sich besser an als: Ich bin zu alt, um noch Auto zu fahren. Aber wie wir die Sache auch drehen und wenden: Solange Altsein in unserer Gesellschaft immer noch als Makel empfunden wird, haben alle gut reden, die von den Betroffenen verlangen, über ihren eigenen Schatten zu springen.

11

»… mach mich fromm, daß ich in den Himmel komm!«

»Weißt du, mein Deern«, sagt meine Tante Trude, die zufriedene Zweiundneunzigjährige, »nu mag ich nicht mehr. Ich *mag* einfach nicht mehr!«

Sie sagt das im Verlauf eines ganz normalen, harmlosen Telefongesprächs, und es klingt völlig undramatisch. Nicht anklagend, nicht verbittert. Sie *mag* nicht mehr, das ist alles. Die Schmerzen in den Knochen nehmen zu, und das Laufen fällt ihr immer schwerer, auch mit einem stützenden Gerät. Allmählich hat sie zu diesem Leben einfach keine Lust mehr. Ihr »Ich mag nicht mehr« ist als eine fast freundschaftliche Aufforderung an den Tod aufzufassen: Nun beeil dich mal ein bißchen. Es wird wirklich Zeit für mich.

Soviel ist sicher: Angst vorm Tod, vorm Sterben, hat sie nicht mehr. Und sie ist keine Ausnahme. Die Berliner Psychologin Margret Baltes hat herausgefunden, daß alte Menschen durchaus nicht so oft und ängstlich an ihr Ende denken, wie Jüngere meinen. Der Tod scheint sie wenig zu erschrecken, sie betrachten ihn eher als etwas Natürliches. Der Anfang ihres Lebens liegt so lange zurück. Es ist ihnen im Laufe der Zeit klargeworden, daß zum Anfang

ganz einfach auch das Ende gehört. Sie sehen keinen Grund, sich dagegen zu sträuben. Der Tod ist längst kein Tabu mehr für sie.
Niemand kommt zu dieser Einstellung von heut auf morgen. Es gibt auch eine Zeit, in der die Angst vorm unausweichlichen Tod bei vielen zunimmt: Menschen im mittleren Alter, solche, die im Übergang zum Alter stehen, können darunter sehr leiden. Doch niemand denkt unentwegt an seinen Tod, und im Laufe der Zeit legt sich die Angst wieder. Dafür kommt etwas anderes. Eine neue Sorge stellt sich ein, unterschwellig vielleicht nur, aber spürbar.
Das Leben ist fast vorbei, und was alles haben wir falsch und schlecht gemacht? Wie oft sind wir schuldig geworden, an wem auch immer? Es bleibt nicht mehr viel Zeit, Fehler zu korrigieren, unsere tätige Reue kommt in den meisten Fällen zu spät. Manche Menschen, denen wir – nun wissen wir's! – unrecht getan haben, sind gar nicht mehr am Leben. Manche Schuld, die wir – warum nur! – auf uns geladen haben, läßt sich nicht mehr wiedergutmachen. So beladen sollen wir uns nun also unserem Ende nähern? Grauenvolle Vorstellung! Haben wir denn nicht noch eine kleine Chance, unser schlechtes Image aufzupolieren? Gibt es nichts, womit wir die wie auch immer gearteten höheren Mächte versöhnen könnten? Denn was wird aus uns, wenn unser Erdenlauf beendet ist? *Was kommt danach?*
Von einer berühmten Schauspielerin wird erzählt, daß sie nach einem sehr lockeren Lebenswandel im Alter fromm wurde. Von heut auf jetzt. Sie ging regelmäßig in die Kirche und stiftete ein Heim für gefallene Mädchen. Na-

türlich lebte sie nicht heute, sondern Ende des vorigen Jahrhunderts. Locker zu leben gilt längst nicht mehr als Schande, als Todsünde gar, für die man (frau) gefälligst zu büßen hat. Genaugenommen gibt es diesen Terminus überhaupt nicht mehr, locker leben ist als Begriff einfach mega-out, wie der smarte Fernseh-Leo sagen würde. Und damit ist auch das bösartige Sprichwort out, das meine Großmutter noch gelegentlich grimmigen Tones verwendete, wenn es ihr angebracht schien: »Junge Hure, alte Betschwester!«

Mal abgesehen davon, daß Huren sich heutzutage mehr und mehr zu einem eher angesehenen Berufszweig hocharbeiten – sicher sähe kaum eine von ihnen in ihrer Tätigkeit einen Grund, mit zunehmendem Alter religiös zu werden. Nein, in ihrer Tätigkeit gewiß nicht. Es ist eben dies Alter, das sie wie andere Bürgerinnen und Bürger zu »Betschwestern« (und Betbrüdern!) macht. Oder woher kommt es, daß in den ganz normalen Gottesdiensten mehr alte und ältere als junge Leute sitzen? Sicher nicht nur daher, daß die Jungen am Sonntag lieber ausschlafen oder etwas Interessanteres vorhaben. Viele Jugendliche engagieren sich schließlich in allen möglichen christlich orientierten Organisationen und machen fleißig mit in kirchlichen Jugendkreisen. Aber was diese jungen Leute dabei interessiert, ist mehr das Leben *jetzt* als das Leben danach. Sie möchten hier und heute etwas bewirken, und was später kommt, hat für sie noch lange Zeit. Schließlich haben sie auch noch nicht das Sündenregister der Älteren vorzuweisen. Die aber werden schon wissen, warum sie allsonntäglich Gnade für ihre Schuld erbitten! So lange dauert es ja nicht mehr, bis sie Bekanntschaft mit Himmel oder Hölle machen oder wenigstens erst mal vor Gottes Thron stehen werden. Kein Wunder, daß die Alten es allmählich mit der Angst kriegen!

Beispiele zeigen, daß selbst die Leute, die nicht am Sonntag die Kirchenbank drücken und die Frage: »Wie hältst du's mit der Religion?« eher mit einem leicht verlegenen Achselzucken beantworten würden – daß selbst diese Leute an den Punkt kommen, an dem ihr vielgepriesenes rationales Denken sie im Stich läßt. Bei manchen geschieht das erst im Augenblick höchster Lebensgefahr, angesichts einer Katastrophe, der sie um ein Haar zum Opfer gefallen wären, andere fangen an, sich mit dem Danach zu beschäftigen, wenn sie eine schleichende Krankheit befallen hat, deren Ausgang ungewiß ist, oder wenn sie gerade ihren ersten Herzinfarkt überlebt haben. Sie sind schon lange aus der Kirche ausgetreten, nicht nur wegen der Kirchensteuer, und ebenso lehnen sie diesen esoterischen Unsinn ab, der sich aus allen Teilen der Welt im aufgeklärten Europa ausbreitet.

Nicht mal spaßeshalber lesen sie das Horoskop in der Tageszeitung. So aufgeklärt sind sie. Aber dann, ganz plötzlich... Da stehen sie auf der Schwelle zu etwas, an dem ihr Verstand scheitert, zu dem er einfach keinen Zugang hat. Da sehen sie ihr Leben bedroht, und ihr intellektuelles Fassungsvermögen schrumpft wie ein Luftballon in der Sonne. Und wenn sie's dann noch mal geschafft haben, sind sie tief verwundert. »Ich habe plötzlich gebetet«, gesteht da ein sechzigjähriger Dr. jur., »und das hab ich zuletzt als kleiner Bub getan.« Not lehrt beten – wieder so ein Wort aus der Sprüchekiste meiner Großmutter. Manche lehrt auch das Alter beten.

»Ich will gar nicht wissen, was nach dem Tod kommt, ich will mich damit gar nicht beschäftigen«, erklärte ein alter, sehr gebildeter, sehr belesener Doktor der Philosophie allen, die ihn mit spirituellen Fragen belästigten. Er muß natürlich gewußt haben, daß diese Nicht-Beschäftigung *auch* eine Beschäftigung mit dem Danach ist, daß dieses bewußte Abblocken alle möglichen Gründe haben kann, Gründe, die ihm vielleicht bei aller Klugheit nicht einmal bekannt waren.

Ich will es nicht wissen, ich will nicht daran denken, der Tod ist schon schlimm genug, und nun auch das Problem mit dem Danach! Aber wer so denkt, vergißt, daß ihn das Problem eines Tages doch einholt. Irgendwann stellt sich die Frage nach dem Danach ganz von selbst.

Die alten Frauen und Männer, die beim Gottesdienst in ihrer Kirche einigermaßen reumütig um Vergebung ihrer Sünden bitten, sind besser dran als die intellektuell Erhabenen, mindestens im Augenblick. Religion ist Opium fürs Volk, erklärte Marx. Diese Älteren und Alten brauchen ihr Quantum. Wenn sie Glück haben, hält ihr Rauschzustand bis zum Ende an. Versehen mit den Tröstungen der heiligen Kirche, lesen wir in den Todesanzeigen. Niemand weiß, wie getröstet die Toten wirklich waren. Freuten sie sich auf den Himmel, oder hatten sie Angst vor der Hölle? Immerhin, diese Gläubigen waren wohl vor Überraschungen in letzter Minute sicher. Ihre Bahn war vorgezeichnet.

Die alten Zweifler dagegen, die Skeptiker, die dürfen sich auf einiges gefaßt machen. Der indische Mystiker Osho erzählt von einem Anhänger des Yoga-Philosophen Krishnamurti. »Er war seit fast fünfzig Jahren Anhänger

Krishnamurtis«, berichtet Osho, »er hatte alle religiösen, alle heiligen Schriften hinter sich gelassen. Er war rational und intellektuell absolut überzeugt davon, daß Krishnamurti recht hatte.« Aber Osho, der den alten Mann gut kannte und gern mit ihm herumstritt, sagte ihm immer wieder: »Du solltest bedenken, daß intellektuelle Überzeugungen, logische und rationale Überzeugungen, sehr oberflächlich sind. In Krisenzeiten verschwinden sie, lösen sich in Luft auf.« Genau das geschah. Osho erzählt, wie der Sohn des Krishnamurti-Jüngers ihn eines Tages zu seinem Vater rief, der im Sterben zu liegen glaubte. Er wollte Osho unbedingt noch einmal sehen. Osho: »Ich ging also einfach zu ihm. Als ich gerade durch die Tür in das Zimmer des Vaters ging, sah ich, wie seine Lippen sich ganz leise bewegten. Ich ging also auch ganz leise hinein, denn ich wollte hören, was er da vor sich hin sprach. Er sagte: ›Ram Ram Ram!‹ – den Namen der Hindus für Gott. Und fünfzig Jahre lang hatte er gesagt, es gäbe keinen Gott!«

Osho schüttelte also den scheinbar Sterbenden und fragte: »Was ist aus den fünfzig Jahren geworden? Du hast darauf bestanden, daß es keinen Gott gibt!« Der alte Mann hatte noch Kraft genug zu einer Erklärung: »Das war zu der Zeit in Ordnung. Aber jetzt liege ich im Sterben, bring mich bloß nicht durcheinander, laß mich den Namen Gottes hersagen. Genau weiß es sowieso keiner – vielleicht gibt es ihn ja doch. Wenn es Gott nicht gibt, schadet es nicht, seinen Namen herzusagen. Aber wenn es einen Gott gibt und du sagst seinen Namen nicht her, dann kommst du auf die schwarze Liste. Und ich möchte nicht in die Hölle kommen, ich habe auf der Erde genug gelit-

ten.« Osho behielt das letzte Wort: »Das habe ich dir immer gesagt, daß intellektuelle Überzeugungen keinen Wert haben.«
Damit war die Geschichte aber noch nicht zu Ende. Der alte Mann überlebte und war schnell wieder sicher, daß es keinen Gott gibt. Osho war überzeugt, daß sich bald alles wiederholen würde: »Ich sagte: ›Laß erst den Tod einmal näher kommen, und deine oberflächlichen intellektuellen Überzeugungen werden auf der Stelle verschwinden. Diese Idee, daß es keinen Gott gibt, stammt nicht von dir – sie ist geborgt. Sie ist nicht deine eigene Entdeckung, sie ist nicht deine eigene Einsicht, sie ist nicht Teil deines Bewußtseins, sondern nur Teil deines Verstandes.‹«
Ob die Story nun nur eine der vielen Anekdoten des phantasiereichen Meisters Osho ist oder nicht: sie trifft den Kern. Unser Verstand hilft uns einen Pappenstiel, wenn es ans Eingemachte geht. Der Tod ist nicht etwas, was wir durch schlaues Taktieren überlisten und vermeiden können. Man kann ihm vielleicht mal, wie es so volksmundlich heißt, von der Schippe springen oder ihm ein Schnippchen schlagen. Aber er sitzt am längeren Hebel. Er kann warten. Wir sind ihm sicher, wir, inklusive unserer intellektuellen Brillanz. Und was dann? *Was kommt danach?*
Das ist es wohl, was viele Menschen im Alter auf diese oder jene Weise »fromm« werden läßt. Wir haben gelebt, und das hatte (hoffentlich) einen Sinn. Wir werden sterben, und das kann doch nicht völlig sinnlos sein! Aber wir kommen nicht weiter, sosehr wir auch unseren Verstand anstrengen. Wie es ist, tot zu sein, werden wir erst wissen, wenn wir es sind. Und dann wissen wir vermutlich gar

nichts mehr. Vermutlich. Oder ist alles ganz anders? Wer will es den Rückversicherern da übelnehmen, wenn sie einen Gott, an den sie *eigentlich* nicht glauben, um Gnade anflehen? Oder wenn sie in ihrer vermeintlichen Sterbestunde »Ram Ram Ram« flüstern?

Wir sind, mehr oder weniger, dazu erzogen, in unsere Angelegenheiten Ordnung zu bringen. Von frühauf werden wir darauf hingewiesen, wie wichtig es ist, für alle Wechselfälle des Lebens Vorsorge zu treffen. Also schließen wir Versicherungen fast jeder Art ab: gegen Krankheit, Diebstahl, Einbruch, Feuer, Wasser, Hagel. Es gibt Aussteuerversicherungen, Ausbildungsversicherungen, Reiseversicherungen. Ach ja, die Lebensversicherung nicht zu vergessen! Selbstverständlich ist auch unser Tod versichert. Aber danach ist es aus – die Sicherung ist gewissermaßen durchgebrannt. Von nun an läuft alles aus der (unserer!) Kontrolle. Mit dieser posthumen Unordnung können wir uns nur schwer abfinden. Da geschieht etwas mit uns, und wir haben keine Ahnung, was. Himmel, Hölle, Fegefeuer, Gottes Thron, Reinkarnation, Wiedergeburt, Seelenwanderung, Kosmos, Nirwana oder das totale Aus: wir können uns aussuchen, woran wir glauben wollen, und die Auswahl ist ziemlich groß. Gewißheit gibt uns niemand. Nein, keine Rückversicherung, die tatsächlich für uns aufkommt, wir müssen uns überraschen lassen. Aber irgendwie wollen wir uns damit nicht abfinden!

Sokrates soll, bevor er den Schierlingsbecher leerte, gesagt haben, daß er den Geschmack des Lebens kenne und nun auf den Tod gespannt sei: »Mir schlägt das Herz vor Freude – die bloße Vorstellung, jetzt gleich zu sterben und

endlich zu sehen, was es mit dem Tod auf sich hat! Ich bin voller Erwartung!« Ein Jammer, daß wir nicht wissen, was ihn erwartete. Aber seine Haltung ist beneidenswert.
Da die meisten von uns keine Philosophen sind, werden sie etwas weniger emphatisch sein, wenn ihre Stunde schlägt. Aber ich finde es tröstlich, daß nicht einmal ein Weiser wie Sokrates eine fest umrissene Vorstellung von dem hatte, was *danach* kommt. Was sollen wir schlichten Normalmenschen da herumspekulieren? Und trotzdem tun wir's. Doch selbst die, die in ihrer Kindheit gebetet haben: »Lieber Gott, mach mich fromm, daß ich in den Himmel komm!«, selbst sie – christlich erzogen und immer noch Kirchensteuer zahlend – haben allmählich ihre Zweifel, daß es diesen Himmel gibt, und wenn es ihn gibt, ob ihre Frömmigkeit ausreicht, um in ihm aufgenommen zu werden.
Und wenn wir an das *Danach* denken, so geht es uns ja nicht nur um uns. Im Laufe des Lebens haben wir alle sicher nicht nur *einen* Menschen verloren, der uns nahestand, den wir liebten, um den wir getrauert haben und geheim noch immer trauern. Die Trauer wird, je älter wir werden, oft sogar noch größer. Damals, als uns der Verlust traf, haben wir versucht, uns damit zu trösten, daß es ein Wiedersehen gibt. Wenn wir in der Kirche waren, hat uns der Pfarrer in dieser Hoffnung bestärkt. Und wir waren froh, daß es sie gab: wir hätten nicht weiterleben wollen ohne wenigstens *diesen* Trost. Dann sind die Jahre vergangen, und jetzt denken wir: Es kann ja einfach nicht sein, daß die Trennung wirklich für immer und ewig ist. Ewigkeit – was sollen wir damit, wenn die Trennung endgültig ist? Wir werden uns wiedersehen! Vielleicht ist

das wirklich unsere Überzeugung. Vielleicht ist es auch nur ein Wunsch. Ein Wunsch an das *Danach*.
Bis es soweit ist, wird es weitergehen mit unseren Vermutungen, Spekulationen, Horrorvisionen und Himmelsträumen; werden die einen noch mal das Beten lernen nach dem Motto: Man weiß ja nie...!, und die anderen werden weiterhin gleichmütig erklären, daß es ihnen eh' Wurscht sei – was ihnen aber niemand so recht glaubt. Doch wahrscheinlich richtet sich jede von uns ihr ganz persönliches, angenehmes Jenseits ein, wo sie erwartet wird von allen, die sie unbedingt wiedersehen möchte.
Und wenn es *doch* so ist, wie die Skeptiker behaupten? Wenn da tatsächlich weiter nichts kommt als nichts? Wenn dieses absolute Nichts die ganze Ewigkeit ist?
»Wenn es keine Träume mehr gibt, dann wirst du zum ersten Mal fühlen, was Schlaf ist«, sagt der Mystiker Osho.

12

Zu schön, um wahr zu sein: unsere Erinnerungen

Beim Stichwort »Erinnerungen« fällt mir so viel Lyrik ein, daß ich mich heftig zusammennehmen muß. Nein, jetzt keine Gedichte! Höchstens vielleicht dieses, in dem die wunderbare Zeile vorkommt »Tastend laß ich durch die Finger gleiten der Erinn'rung goldne Kettenglieder, aber leise rinnen mit hernieder Stunden voll von süßen Traurigkeiten...« Es ist nicht Rilke. Dieser köstliche Kitsch stammt vom Rilke-Ersatz meiner Jugend, von Rudolf G. Binding, bei dessen Werken ich mich so richtig festschluchzen konnte, wenn mir danach war, und natürlich war mir oft danach. Das Gedicht mit den goldnen Kettengliedern der Erinnerung wühlte mich schon damals – mit siebzehn! – ungemein auf, wenn ich nämlich Liebeskummer hatte, was häufig vorkam. Ach, wie schmerzlich ich mich da erinnerte! Wie hatte ich ihn doch geliebt, und wie hatte er doch mich geliebt! Das heißt, nein, *er* hatte mich selbstverständlich weniger geliebt als ich ihn, denn sonst würde ich ja nicht dasitzen und mir über dem kitschigen Binding die Augen aus dem Kopf heulen...
Erinnerungen. Es geht, wie man sieht, in früher Jugend los und hört im Alter nicht auf, im Gegenteil. Der Tag

kommt, wo wir nicht mehr wissen, was vor fünf Minuten passierte, wo wir uns aber noch genau an den Tanzstundenball erinnern, an dem uns jemand rote Limonade über das cremefarbene Kleid goß. Das Kurzzeitgedächtnis hat sich verabschiedet, das Langzeitgedächtnis läßt grüßen.

Erinnerungen können schön sein. Sind sogar meistens schön, seltsamerweise, denn es gibt ja weiß Gott nicht nur Schönes zu erinnern. Aber Negatives fällt im Laufe der Zeit irgendwie durch den Raster unseres Gedächtnisses. Natürlich, die einschneidenden, schlimmen Ereignisse, die großen privaten Unglücksfälle bleiben gegenwärtig, Krankheit und Tod vergessen sich nicht so einfach. Unsere Zweite-Weltkriegs-Generation hat da eine Menge zu erinnern. Die Bombennächte und -tage. Flucht und Vertreibung. Das Kriegsende im Luftschutzkeller oder auf einer Landstraße im Treck. Aber in diesem Zusammenhang wäre es wichtig, auch an dies zu denken: daß sich andere an noch Schlimmeres erinnern. Es gab Auschwitz, Buchenwald, Treblinka. Ich glaube nicht, daß bei den Überlebenden dieser Greuel im Laufe der Zeit ein gewisser Verklärungsprozeß einsetzt, wie zum Beispiel bei manchen Veteranen aus dem Ersten Weltkrieg. Nein, diese Erinnerungen werden jeden Betroffenen bis ans Grab verfolgen: er muß damit leben. Aber wir auch! Es gibt Geschehnisse, an die sollten wir alle uns immer wieder erinnern, auch oder gerade wenn wir davon verschont geblieben sind, nicht selbst die Opfer waren. »Habt ein besseres Gedächtnis!« – diese Aufforderung gilt immer noch und ohne Rücksicht auf die Altersschwäche unserer grauen Zellen. Ich frage mich,

ob es so viele junge Neo-Nazis geben würde, wenn die ältere Generation dieses bessere Gedächtnis hätte.
Aber natürlich: An Belastendes erinnert sich niemand gern. Bei allem, was eigene Mitschuld, eigenes Versagen, eigene Fehler betrifft, klaffen bei den meisten Menschen gewaltige Gedächtnislücken. Man denke nur an Politiker und ihre sprichwörtlichen Blackouts! Aber auch für ganz gewöhnliche Menschen gilt: unangenehme Situationen, zu deren Entstehen wir einst tatkräftig beigetragen haben, verwandeln sich wundersam in unserer Erinnerung. Natürlich zu unseren Gunsten. Oder, noch wundersamer, wir vergessen sie ganz einfach. Auch das mag ein Grund sein, daß in der Erinnerung dann später alles nur noch golden ist, was in der Vergangenheit war. Selbst schlimme Zeiten, die wir durchstehen mußten, bekommen einen gewissen Glanz. Ja, damals! Da waren wir wenigstens nicht allein, da hatten wir noch alles: Familie, treue Freunde... Und nicht zu vergessen: Wir waren jung.
Selbstverständlich war alles anders, als wir jung waren. Ich kenne niemanden (mich eingeschlossen), der das nicht behauptet, und es ist eigentlich auch richtig. Nur, wenn wir sagen: Es war alles anders! – so meinen wir: Damals war alles besser. Sogar die schlechten Zeiten! Denn in den schlechten Zeiten »damals« waren die Menschen noch besser, als sie heute in den guten sind. Dies und das und jenes gab es doch »damals« nicht, ausgeschlossen! Vielleicht stimmt das, aber dabei vergessen wir, daß es dafür anderes gab, was auch so schön nicht war. Doch davon wollen wir uns unsere selige Erinnerung nicht trüben lassen.
In den sechziger Jahren habe ich angefangen, täglich ein

Tagebuch zu führen. Täglich! Keine langatmigen Ergüsse, so viel Platz war nicht auf den eingeteilten Seiten. Nur ein knapper Report des Tages. Seit 1963 halte ich das durch, und es ist sehr aufschlußreich, in diesen Aufzeichnungen zu blättern. Was man alles tatsächlich nicht mehr weiß, wovon man keine Ahnung mehr hat! Wie viele Daten man durcheinanderbringt! Manchmal ist es witzig, wenn ich mich mit Freunden über ein bestimmtes Ereignis streite, natürlich ziehen sie den kürzeren, denn ich kann ihnen schwarz auf weiß beweisen, daß die bewußte Blinddarmoperation im Frühling 70 und nicht im Herbst 68 stattfand. Eine Marotte, eine Spielerei, ich geb's ja zu. Aber manchmal ist die Lektüre dieser Tagebücher auch gut dazu geeignet, mich auf den Boden der Tatsachen zurückzuholen. Wenn ich gelegentlich dazu neige, die vergangenen Jahre in einem allzu rosigen Licht zu betrachten (natürlich im Gegensatz zur Gegenwart!), so genügen nur ein paar Einblicke, und ich weiß wieder: so rosig war das nun auch wieder nicht. Bei aller Knappheit meiner Eintragungen, ich habe doch nicht verschwiegen, wie positiv oder negativ meine Stimmung damals war – und warum. Es gab viele Höhepunkte, aber offenbar auch nicht wenige Tiefpunkte. Keineswegs war damals alles so viel besser als heute. Es war schön und manchmal schrecklich. Im Vergleich ist mein Leben heute sogar leichter. Jedenfalls habe ich keine Ursache, mich von meinen Erinnerungen auf eine falsche Fährte locken zu lassen. Und doch geschieht das hin und wieder, und nicht nur mir. Je älter wir werden, desto häufiger taucht dieser Gedanke auf: Damals war ich glücklich – und was ist heute?

Heute ist heute, das vorab! Aber das Hier und Jetzt ist ein

sehr flüchtiger Moment. Buchstäblich im Handumdrehen ist schon alles wieder Vergangenheit. Vergangenheit, der ich, mich erinnernd, nun nachtrauere. Ach, wie schön war der letzte Sommer! Ich erinnere mich... Aber habe ich nicht im letzten Sommer oft an den davorliegenden gedacht? Die Reihe läßt sich beliebig fortsetzen. Was weg ist, war immer besser.

Der zweiundachtzigjährige Soziologe Alphons Silbermann sagte in einem »stern«-Interview: »Die letzten Jahre meines Lebens interessiert mich nur mein Wohlergehen.« Wer so denkt, läßt sich nicht von Erinnerungen an vermeintliche verlorene Paradiese lebendig begraben und verschwendet keine Kraft damit, Vergangenem nachzutrauern. So einer bringt es fertig, sich immer noch und trotz der Beschwerlichkeit des Alters neue, wenn auch wohl eher bescheidene Paradiese zu schaffen. Aber hier und jetzt!

Unsere Erinnerungen belügen uns. Aber das wäre noch nicht das Ärgste. Viel schlimmer ist, daß wir schließlich in ihnen leben wie in einem Kokon, eingesponnen und von der Wirklichkeit isoliert. Was jetzt ist, interessiert uns nicht mehr, es ist ja doch nicht gut, kann nicht standhalten mit der Vergangenheit, von der wir uns mit Hilfe unserer geschönten Erinnerungen haben einholen lassen. Aber die Vergangenheit ist unrettbar dahin, auch wenn wir sie in dicken Alben mit langsam vergilbenden Fotografien festzuhalten versuchen. Überschätzen wir sie nicht! Lassen wir sie, wo sie ist. Auch wenn wir alt sind: die Gegenwart ist wichtiger, und wir sollten uns lieber mit ihr beschäftigen. Warum nur haben die meisten – und nicht nur die Alten – solche Schwierigkeiten

mit dem Heute? Sie seufzen dem Gestern nach und setzen alle Hoffnung auf das Morgen. Nur dieses Heute, damit werden sie nicht fertig.
Natürlich, im Alter verstärkt sich diese Unausgeglichenheit. Was haben wir schon noch vom Morgen zu erwarten? Die Zukunft ist für uns nicht mehr so wichtig. Und da das Heute nicht mehr viele Reize hat, bleibt eben nur noch das Gestern – das Sicherinnern. Ein typischer Alte-Leute-Satz: »Meine Erinnerungen kann mir keiner nehmen.« Nein, das will ja auch keiner. Aber warum nicht versuchen, den Tag zu genießen, der eben jetzt da ist? Ist das so schwer?
Es kann schwer sein. Besonders für alle, deren Alt-Tag nicht dem sonnigen Senioren-Idyll entspricht, das uns in der Werbung begegnet. Vor der Vereinigung BRD/DDR gab es in der Bundesrepublik schätzungsweise fünfhunderttausend bedürftige ältere Menschen, deren Rentenansprüche unterhalb des Sozialhilfeniveaus lagen. Fast die Hälfte von ihnen scheute sich davor, Sozialhilfe in Anspruch zu nehmen; zwei Drittel dieser verschämten Armen waren Frauen. Die Zahl dürfte nach 1990 gestiegen sein. Was für ein Heute sollen diese alten Frauen und Männer noch genießen? Das Wort »genießen« klingt in diesem Zusammenhang wie der reine Hohn. Wohl ihnen, wenn sie etwas zu erinnern haben, das sich lohnt! Aber was haben (und was sind) wir für eine Gesellschaft, die solche »Lebensabende« überhaupt schafft und zuläßt? Wenn es für viele alte Leute wirklich keine andere Freude mehr gibt als die, von Vergangenem zu zehren, sollten sich alle darüber Gedanken machen und etwas unternehmen: besonders die Damen und Herren Politiker, die stets ihre

Besorgnis über die Situation »der alten Menschen« äußern. Ich lese immer wieder, daß es »den« Senioren gutgeht, daß sie kaufkräftig, reiselustig, konsumfreudig sind. Ja, zu diesen Privilegierten gehöre ich auch. Aber wir sind eben nur die glänzende Seite der Medaille – die andere Seite sieht weniger attraktiv aus. Auch daran sollten wir uns erinnern, wenn uns das Selbstmitleid packt.
Doch selbst wenn wir mit uns und unserer Gegenwart ganz zufrieden und trotz fortgeschrittenen Alters durchaus noch guten Mutes sind – wir wandeln alle gern mal auf den Spuren unserer Vergangenheit. Schließlich gehört sie zu unserem Leben. Also beschäftigen wir uns mit ihr – selbstverständlich mit Vernunft und ohne übertriebene Sentimentalität (ein bißchen sentimental wird man ja wohl noch sein dürfen!). Manchmal ist das Spurenwandeln wörtlich zu verstehen: Wir kehren nach Jahrzehnten an eine Stätte unserer Kindheit zurück, in ein Seebad vielleicht, das uns jetzt erst wieder zugänglich ist. Ja, wir erinnern uns: dort haben wir in einem sehr großen, vornehmen Hotel gewohnt, in dem wir Kinder uns gut benehmen mußten. Wir suchen, und tatsächlich, wir finden das Haus wieder, und es trägt noch immer den Namen »Strandhotel«. Aber was ist inzwischen passiert? Es ist unser Hotel, und es ist es auch nicht, es ist ja viel kleiner als in unserer Erinnerung! Doch es ist dasselbe Haus, zwar schäbig und heruntergekommen, aber trotz allem unverkennbar. Nur, wieso ist es auf einmal so klein? Wir können das gar nicht begreifen. Dann stellt jemand neben uns weise fest: »Für Kinder sieht alles viel größer aus.« Ja, darauf sind wir auch schon gekommen. Aber *so* viel größer?

Ich habe den Verdacht, daß unsere Erinnerung *alles* größer macht, als es war: größer, schöner, einmaliger – unabhängig davon, wie weit sie zurückreicht. Das Kind, das wir einmal waren, ist immer noch in uns versteckt und beäugt die Dinge unverändert aus seiner Sicht. Ich bin überzeugt, daß die Sommer in meiner Kindheit diesen Namen noch verdienten, im Gegensatz zu den Sommern von heute. Das gleiche gilt für die Winter. Zu Weihnachten lag damals *immer* Schnee! Und im Sommer gab es viel mehr Blumen. Ich erinnere mich schon wieder, diesmal an einen heißen Sommer; gerade hatten die Schulferien angefangen, und ich trabte zufrieden nach Hause. Wir wohnten etwas außerhalb der Stadt, und ich kam an Gärten vorbei, die von Blumen geradezu überquollen, genauso wie unser Garten, der natürlich *sehr* groß war! Wir hatten an diesem letzten Schultag noch ein Lied singen müssen: »Geh aus, mein Herz, und suche Freud in dieser lieben Sommerszeit...« Immer, wenn ich dieses Lied höre, ja, wenn ich auch nur daran denke, fällt mir der Nachhauseweg von der Schule ein, vorbei an den Sommergärten, der heiße Sommertag, der Garten am Elternhaus, ich spüre diese Stimmung, diesen Duft wieder, ich höre sogar die Vögel zwitschern.

Solche Sommer gibt es nicht mehr! Selbstverständlich haben meine Mutter und meine Großmutter das auch schon von den Sommern *ihrer* Kindheit behauptet, selbstverständlich erinnerten auch sie sich ausschließlich an frostklirrende, tiefverschneite Wintertage und Weihnachtsfeste... Und ich bin ganz sicher, auch meine Tochter, Jahrgang 1968, wird sich später einmal an beispiellose Sommer und Winter erinnern.

Aber die Erinnerungen an Häuser und Gärten, an Sommer und Winter sind ja nichts gegen die Erinnerungen an bestimmte Menschen. Die vertrautesten von ihnen sind uns allzeit gegenwärtig. Wir hören ihre Stimmen, sie sind da, als hätten sie uns erst gestern verlassen. Übrigens denke ich von diesen Menschen eigentlich nie: So lange sind sie schon tot! Seltsamerweise denke ich: Meine Mutter habe ich seit zehn Jahren nicht mehr gesehen. Das kommt mir dann fast absurd vor.

Andere Menschen aus der Vergangenheit muß man sich dagegen wie in einem Puzzlespiel mühsam wieder zusammensetzen. Man erinnert sich, aber nur bruchstückweise. Für solche Erinnerungen braucht man einen Mit-Erinnerer. Staunend hören die Jüngeren solchen Gesprächen zu. »Erinnerst du dich noch an Frau Caspari?« – »Die Sportlehrerin, diese dicke Blonde? Klar!« – »Wir hatten sie in Handarbeit, und sie war rothaarig.« – »Ja, sie unterrichtete Handarbeit *und* Sport, aber sie war bestimmt semmelblond.« – »Ich weiß genau, daß mir ihre roten Haare richtig unangenehm waren, sie sah aus wie eine Hexe.« – »Aber sie war blond und sah aus wie so ein pummliges, ältliches BDM-Mädchen.« – »Meinen wir wirklich dieselbe Lehrerin?« – »Klar, Frau Caspari, den Namen hab ich nicht vergessen, er war so ungewöhnlich. Vielleicht hat sie manchmal eine Perücke getragen.« – »Die ich meine, war jedenfalls tierisch unangenehm. Mich hat sie beim Sport ständig schikaniert, weil ich so ungeschickt war.« – »Das war bestimmt die Frau Caspari! Ein richtiges Aas! Ich war schlecht in Handarbeit, und sie meckerte dauernd an mir herum. Aber wie kommst du eigentlich auf sie?« – »Die neue Kassiererin im Supermarkt sieht genauso aus wie sie.

Könnte ihre Tochter oder ihre Enkelin sein. Da ist mir die Caspari plötzlich wieder eingefallen, komisch. Verstehst du das?«

Die Mit-Erinnererin versteht das natürlich. Auch vor ihrem geistigen Auge tauchen manchmal Menschen auf, die sie eigentlich schon längst vergessen hatte. Schikanöse Lehrerinnen, Mitschüler und Mitschülerinnen, die irgendwann in fernster Vergangenheit mal auffällig wurden und die man dann aus dem Gedächtnis aussortierte. Nein, wohl doch nicht so ganz, denn sie sind ja offenbar noch da: wir haben uns an sie erinnert. Irgendwo hatten wir sie also aufbewahrt, aus welchem Grund, werden wir nie erfahren.

Spannend wird es, wenn Menschen, an die wir uns wohl gelegentlich erinnern, die uns aber im Leben total abhanden gekommen sind, plötzlich wieder leibhaftig vor uns stehen. Man trifft sie unvermutet, wo auch immer, und man würde sie wahrscheinlich nicht mehr erkennen. Gut, daß sie sagen: »Ich bin doch die Ursula!« oder: »Ich bin doch der Heinz!« Wer wir sind, wissen sie, aber nicht, weil ihr Gedächtnis so toll ist, sondern weil ihnen das schon jemand gesteckt hat! Mein Gott, *so* sieht die oder der jetzt aus? So alt? Es haut einen um. Wir sind doch etwa im gleichen Alter! Das haut einen noch mehr um. Nach dem ersten Schock wird uns dann klar, daß der andere uns genauso sieht wie wir ihn. Na, wenn schon! Jetzt haben wir jedenfalls jemanden, mit dem wir uns wundervoll gemeinsam an alte Zeiten erinnern können.

Zeitungsberichte über einen bevorstehenden Prozeß zwischen zwei ehemaligen Freunden und Genossen in der ehemaligen DDR führten dazu, daß ich mich an ein

Kostümfest erinnerte. Es fand im März 1948 in Berlin-Babelsberg statt, also im »Ostsektor«. Ich war Redakteurin am einzigen Ostberliner Boulevardblatt, und jemand nahm mich nach Babelsberg mit. Auf dem Fest versammelte sich viel Prominenz, Künstler und Journalisten. Einer von ihnen war ein schmächtiger junger Mann in meinem Alter, mit Intellektuellenbrille und losem Mundwerk. Alle kannten ihn, er schrieb geistreiche Glossen und brillante Theaterkritiken, die allerdings so boshaft waren, daß er einmal dafür Ohrfeigen bekam: die große Diva Käthe Dorsch, berühmt auch dafür, daß sie öfter handgreiflich gegen Kritiker wurde, schlug auch bei ihm zu. Allerdings nicht an diesem Abend, da war sie gar nicht anwesend. Da flirtete der freche junge Journalist heftig mit einer anderen, ebenfalls berühmten, aber jungen Schauspielerin (sie ist schon lange tot). Mit mir flirtete er nicht, aber wir tanzten miteinander. Ich glaube, ich fand diesen Wolfgang Harich damals ziemlich arrogant. Jahre später – ich lebte längst im Westen – las ich vom jähen Ende seiner Karriere: Er wurde 1957 wegen »Bildung einer konspirativen staatsfeindlichen Gruppe« zu zehn Jahren Zuchthaus verurteilt. 1990 habe ich sein Bild – im Zusammenhang mit dem später geplatzten Prozeß gegen Walter Janka – wiedergesehen. Und ich habe ihn wiedererkannt, trotz seiner totalen Veränderung: weißes Haar, weißer Vollbart. Die Augen hinter den Brillengläsern kamen mir bekannt vor. Ich erinnerte mich! Ob er sich noch an das Kostümfest in Babelsberg erinnert? Bestimmt nicht. Und schon gar nicht an die Kollegin vom Ostberliner Boulevardblatt.

Einseitiges Erinnern kann sehr peinlich sein. Daß man

jemanden nicht wiedererkennt, ist schon unangenehm, daß man jemanden aber absolut nirgendwo mehr unterbringen kann, ist fatal. »Wir kennen uns doch, in den fünfziger Jahren am Schliersee, erinnern Sie sich nicht mehr?« Stimmt, ich war damals am Schliersee, aber ich erinnere mich kein bißchen an diesen Menschen. Ach, welch ein Glück, daß ich eine alte Frau bin! Nie bin ich das so gern wie in solchen Momenten, wenn ich mit zartem Lächeln antworten kann: »Tut mir leid, aber neuerdings läßt mich mein Gedächtnis ganz arg im Stich – man wird eben alt!« Allerdings, wenn der oder die sich erinnernde Unbekannte hierauf leicht indigniert die Brauen hochzieht, bin ich doch noch ins Fettnäpfchen getreten: Wir sind ja wohl schätzungsweise gleichaltrig.

Ob man sich an frühere Leben erinnern kann? Ich höre immer wieder davon, aber mir ist es noch nicht geglückt. Doch ich schließe nicht aus, daß ich solche Leben gelebt habe. Der indische Mystiker Osho hat einmal zu diesem Thema gesagt: »Ihr erinnert euch nicht, weil es schwierig wäre, so durch das Leben zu gehen. Selbst in diesem Leben macht ihr schon so viel Unordnung – wenn ihr viele Leben erinnern könntet, würdet ihr einfach wahnsinnig.«

Mein Erinnerungsvermögen reicht nicht sehr weit in die Kleinkinderzeit zurück. Ein Theaterbesuch ist mir unvergeßlich geblieben, und da war ich wohl schon fast vier. Es war um die Weihnachtszeit (als noch reichlich Schnee fiel!), und meine Mutter ging mit mir in ein Weihnachtsmärchen. Ich weiß sogar noch, daß es »Witzenspitzel« hieß und von einem Kobold handelte. Aber am besten erinnerlich ist mir, daß ich am Ende der Vorstellung das Theater um keinen Preis verlassen wollte, sondern mich an die Brüstung vor der Bühne klammerte und laut und herzzerreißend weinte. Es sollte nicht zu Ende sein! Es sollte weitergehen! Wahrscheinlich haben sich die Schauspieler über das brüllende kleine Mädchen amüsiert. Vielleicht hat sich der eine oder andere sogar später daran erinnert: »Das war vor Jahren in einer Kindervorstellung...«

Diese Begebenheit muß mich stark beeindruckt haben. Ich wollte etwas festhalten und konnte es nicht. Das Festklammern nützte mir gar nichts, schließlich mußte ich die Brüstung doch loslassen und heulend an der Seite meiner Mutter nach Hause trotten. Also eine Negativerinnerung? Ja und nein, denn ich wollte ja nicht weg, weil es so schön gewesen war. Von dem Stück, das gespielt wurde, weiß ich zwar nichts mehr, aber es *muß* schön gewesen sein!

Ich will nicht noch mehr Symbolik in die Geschichte bringen, es ist ohnehin offenkundig, daß sich der Vorgang später – so oder so – ständig wiederholt hat: da ist etwas Schönes, das nicht aufhören soll und das ich nicht festhalten kann. Manchmal möchte ich mich immer noch schluchzend festklammern. Aber ich bin ja wirklich alt genug, um meine Lektion gelernt zu haben. Nur hab ich mit der praktischen Anwendung des Lehrstoffs hin und wieder Probleme. Doch wer hat das nicht! Etwas festzuhalten schaffen wir schon als Säuglinge, das Loslassen fällt uns das ganze Leben lang schwer. Und wenn uns gar nichts mehr übrigbleibt, klammern wir uns an unsere Erinnerungen.

Aber es ist besser, auch diese Brüstung loszulassen und uns damit abzufinden, daß wir die Vergangenheit weder festhalten noch zurückholen können. Erinnern – ja, aber doch mit etwas mehr kritischer Distanz. Gestehen wir uns unsere heimliche Schönfärberei wenigstens selbst ein. Das verhindert dann hoffentlich, daß »der Erinn'rung goldne Kettenglieder«, die wir da »tastend durch die Finger gleiten« lassen, am Ende zu Fesseln werden.

13

Zu alt für Sex? Jeder, wie er kann, jede, wie sie will!

Man sollte es nicht für möglich halten, daß es immer noch ein Thema ist. Aber es *ist* immer noch ein Thema. Die Menschheit zwischen, sagen wir mal, fünfundzwanzig und vierzig kann sich nicht abgewöhnen, daraus ein Problem zu machen. Die Menschheit zwischen fünfundzwanzig und vierzig ist nicht arm an Problemen, also sollte sie sich eigentlich nicht veranlaßt sehen, ein weiteres zu erschaffen, noch dazu eines, das die Menschheit zwischen fünfundzwanzig und vierzig überhaupt nichts angeht.

Das Thema heißt Sex im Alter. Die Mediziner sind dafür. Sex sei gerade für Ältere gesund, anregend, verjüngend, ja, Sex zögere das Altern hinaus! Bei technischen Schwierigkeiten könnte oft geholfen werden. Zum Beispiel Frauen in den Fünfzigern, wenn die Östrogenproduktion abnimmt und das zu Veränderungen im Vaginalbereich führt. Und Männern, wenn sexuelle Funktionsstörungen über das (im Alter) normale Maß hinausgehen. So weit, so gut. Nur: Voraussetzung für eine ärztliche Hilfe ist, daß Mann und Frau mit dem Arzt überhaupt erst einmal über ihr Intimleben sprechen. Und da, so stellen viele

Ärzte fest, haben die Älteren – von den Alten ganz zu schweigen – große Hemmungen. Warum?
Weil Sex im Alter ganz allgemein nach wie vor eher als peinlich angesehen wird. Peinlich und ein bißchen lächerlich. Und es sind nicht *nur* die Jüngeren, die da meinen, im Alter müßte man über fleischliche Begierden erhaben sein. Auch Ältere neigen dazu, sich dieser Auffassung anzuschließen. Man müßte also über derlei erhaben sein. Man *müßte*! (Frage: warum eigentlich?) Aber wenn es nicht so ist? Wenn da noch Wünsche, Gefühle, Verlangen sind? Wie äußerst peinlich! Aus dieser Sicht betrachtet sind sexuelle Bedürfnisse im Alter entweder eine Perversität oder eine unangenehme Krankheit, über die man nicht gern redet. In einer Untersuchung in Amerika wurden Männer und Frauen gefragt, ob alte Männer über sexuelle Wünsche eher mit ihrem Arzt sprechen als ihre Frau belästigen (!) sollten. Ein großer Teil der männlichen Befragten entschied sich für die ärztliche Konsultation. Interessanterweise stimmten mehr Frauen für die »Belästigung«.
Es sitzt uns offenbar tief in den alten Knochen. Eigentlich ist Sex eben doch Schweinkram. Schließ die Augen und denk an England. In jungen Jahren hatte man immerhin die Ausrede, daß man schließlich Nachwuchs wolle. Aber jetzt? Nur um des reinen Lustgewinns? Wie bitte, so mittelalterlich denke heute doch kein Mensch mehr? Wirklich nicht? Wäre es anders, würde nämlich über Sex im Alter kein Wort verloren, es sei denn im Zusammenhang mit physischen Problemen. Lustfeindlichkeit bis zum Grabe. Unser Körper ist dafür gemacht, Kinder zu zeugen oder zu gebären, aber nicht, Lust um der Lust

willen zu empfinden. Und wer alt (sprich unansehnlich) ist, sollte sich was schämen, noch an so etwas zu denken. Das gilt selbstverständlich in erster Linie für Frauen. Alte Männer – wir wissen es – sind ja immer noch anziehend. Und – auch das ist bekannt – Männer denken halt öfter und länger an das bewußte Eine.

Und sie wollen keine alten Frauen! Eine Soziologin, die ihre Doktorarbeit über Heiratsanzeigen geschrieben hat, stellte fest, daß ältere Männer sich nur für jüngere Partnerinnen interessieren. Der Durchschnitt der über Sechzigjährigen wünschte sich eine acht Jahre jüngere Frau.

Frauen haben es also schon wieder mal schwerer. Dabei kann ich beim besten Willen nicht einsehen, was an einem faltigen alten Bierbauch attraktiver sein soll als an nicht mehr ganz so festen Brüsten. Aber ich höre es schon: »Also, das müssen Sie doch zugeben, alte Frauen sind einfach nicht mehr schön! Während manche alten Männer doch tatsächlich noch richtig gut aussehen.« Angezogen natürlich. Aber angezogen sind wir alle noch ganz passabel. Zugegeben, es gibt solche und solche. Doch gibt es nicht auch junge männliche und weibliche Scheusale? Und außerdem will ich mich auf die Diskussion schön oder nicht schön überhaupt nicht einlassen. Ich will mich auf gar keine Diskussion über Sex im Alter einlassen. Weil ich nämlich der Auffassung bin, daß dieses Thema ausschließlich die Betroffenen angeht, unabhängig davon, wie häßlich oder schön sie sind. Wenn eine Fünfundsiebzigjährige noch imstande ist, einen Dreißigjährigen aufzuregen, so ist das für beide ein Erfolgserlebnis. Wer daran Anstoß nimmt, mag es tun, aber er soll den Mund halten und sich darüber klar sein, daß es ihn nichts angeht. Es wäre auch gut, wenn er sich fragte, *warum* er Anstoß nimmt. Weil die alte Frau nicht mehr »schön« ist? Wenn es nach ästhetischen Maßstäben ginge, müßten alle Fettwänste, gleich, welchen Alters und Geschlechts, im Zölibat leben, und ich gebrauche das diskriminierende Wort Fettwanst ganz bewußt. Hört es sich doch richtig gemein an! Ist auch gemein. Aber genauso gemein sind die zynischen Bemerkungen über alte Frauen und ihre jüngeren oder jungen Liebhaber. Sollen sie doch allesamt miteinander glücklich werden, ob dick, ob alt, vielleicht sogar beides – niemand hat einen triftigen Grund, ihnen ihr Vergnügen zu mißgönnen.

Doch diese Mißgunst liegt sozusagen in der Luft. Eifersucht mag dabei mitspielen, Neid. Söhne und Töchter werden eifersüchtig, wenn die geschiedene oder verwitwete Mutter plötzlich einen Freund hat, vor allem wenn Mutter und Freund nicht mehr jung sind. »Nicht mehr jung« bedeutet in solchem Fall meistens die Altersgruppe über fünfzig. Also, braucht Mutter so was noch? In ihrem Alter? Und er ist jünger als sie (nicht viel, aber es muß doch festgestellt werden!). Merkwürdig, ein Film wie »Harold und Maude« wurde ein Welterfolg, und jede und jeder war begeistert. Aber das war ja auch nur ein Film! Wehe, wenn so etwas sich im wirklichen Leben auch nur andeutungsweise anbahnt! Da hört die Toleranz auf. Die eigene Mutter, der eigene Vater – da geniert sich die Familie.

Und weil sie wissen, daß die liebe Familie (und nicht nur die) sich geniert und darüber den Mund zerreißt, wird Sex für die Älteren und Alten zum Tabu. Auch sie fangen an, sich zu genieren, statt aufzutrumpfen und den anderen zu zeigen, was Sache ist. Es sieht beinahe so aus, als fielen sie zurück in ihre pubertäre Phase, in der sie nach Ansicht der Erwachsenen noch kein Recht zum Sex hatten. Jetzt sind sie zwar erwachsen, aber nun haben sie kein Recht *mehr*. Kein Wunder, daß sie sich vor lauter Verklemmtheit nicht trauen, den Arzt um Rat zu fragen, wenn sie nicht so können, wie sie immer noch möchten.

Bei älteren bis alten Ehepaaren setzen vermutlich die meisten Leute voraus, daß da sexuell nichts mehr läuft: Wahrscheinlich hat der Mann eine jüngere Freundin! Doch diese Paare haben es leichter als Frauen und Männer, die trotz ihres fortgeschrittenen Alters wagen, eine neue Partnerschaft einzugehen. Das alte Ehepaar ist gemeinsam in den Zustand des Altseins hineingewachsen, niemand fühlt sich schockiert, daß sie (immer noch) zusammen leben. Was sich in Omas und Opas Ehebett abspielt und ob überhaupt, steht nicht zur Debatte. Gott sei Dank. Aber was wissen denn die anderen? Die beiden alten immer noch Liebenden, die sich und ihre Bedürfnisse ja lange und gut genug kennen, lassen sich nicht irritieren, wenn es mit dem Sex nicht mehr so klappt. Es gibt ja mehr Möglichkeiten als die bekannte schnelle Nummer; und so tun die beiden etwas, was auch Jüngeren nur zu empfehlen ist: Sie entwickeln Phantasie. Vielleicht machen sie aus dem Vorspiel das Hauptspiel. Aus der Not eine Tugend. Erotik statt Sex. Wenn die erotische Anziehungskraft zwischen den beiden noch vorhanden ist, spielt das Alter überhaupt keine Rolle, und der Sex wird nebensächlich. Die achtundsiebzigjährige Schauspielerin Lotti Huber schreibt in einem klugen Beitrag für ein Buch mit dem reißerischen Titel »Verschwiegene Lust«: »Die Erotik ist eine Sublimation, eine Übersetzung der Sexualität... Sexualität ist die einfachere Form. Das ist, wenn der Ochs mit der Kuh es tut. Daran habe ich kein Interesse mehr... Die Erotik hört nie auf. Die Nähe, die Berührung, die Atmosphäre, all das ist viel wichtiger...« Ein altes Paar, das gut aufeinander eingespielt ist, wird ganz einfach diese Zärtlichkeit genießen. Und wenn diese beiden keinen Arzt aufsuchen, unterlassen sie es nicht aus falscher Scham, sondern weil sie gar nicht mehr wollen, als sie jetzt haben. Doch das ist etwas ganz anderes. Es hat nichts zu tun mit der schaurigen Prüderie, die Sex im Alter zum Thema macht, über das man eigentlich nur hinter vorgehaltener Hand reden kann. Diese durch nichts gerechtfertigte Spießermoral provoziert dann neue Peinlichkeiten. Dazu gehört für mich auch das schon erwähnte Buch, in dem alte Frauen »ganz offen« über ihre mehr oder weniger noch vorhandenen und befriedigten sexuellen Wünsche sprechen. Doch diese freimütigen, zum Teil gescheiten, zum Teil rührenden Geständnisse haben einen Haken. Sicher unbeabsichtigt wird der Öffentlichkeit damit suggeriert, daß diese »verschwiegene Lust« eben doch etwas ziemlich Exotisches und leicht Perverses ist. Nur hereinspaziert, Damen und Herren, werfen Sie einen Blick durchs Schlüsselloch, die Aussicht aufs Schlafzimmer wird freigegeben, die Peepshow ist eröffnet: wirklich geil, diese Alten! – Da wird es dann wirklich manchmal peinlich, wie immer, wenn Menschen ihre eigene Intimsphäre verletzen, in diesem Fall wahrscheinlich in dem Glauben, anderen alten Frauen mit solchen Offenbarungen Mut zur eigenen Sexualität zu machen. Ich fürchte, das Gegenteil ist der Fall. Nein, daß Sex im Alter für alle, die noch Spaß daran haben, etwas total Natürliches ist und keineswegs nur Sache einiger verwegener Außenseiterinnen, das muß sich auf andere Weise herumsprechen. Übrigens auch dort, wo die Alten so ziemlich unter sich sind, in den »Senioren-Residenzen«. Wer sagt denn, daß diese Betagten alle miteinander jenseits von Gut und Böse sind? Die meisten vielleicht, aber gewiß gibt es auch andere. Das Thema Sex im Altenheim war übrigens ein wunderbares Thema für einen recht zu Herzen gehenden Film, der sogar auf der Berlinale preisgekrönt (und von der Kritik verrissen) wurde. Ja, Kino! Wie bei »Harold und Maude« – so was sieht jeder mit Anteilnahme, aber die Vorstellung, daß jemand aus der eigenen Familie es noch im Seniorenheim treiben könnte... Doch wie schockierend das auch sein mag, die jüngeren Damen und Herren werden gebeten, zur Kenntnis zu nehmen, daß auch ältere/alte Leute junge Wünsche haben können. Wer es den Alten fast ungläubig, aber bewundernd zugesteht, daß sie heutzutage »immer jünger« werden, wer sie als »junge Alte« oder »neue Alte« (ich finde beides gleich furchtbar) umschmeichelt, der hat sich auch damit abzufinden, daß für viele dieser »jungen, neuen Alten« Sex eine Rolle spielt. Auch für die Frauen! Ich gebe zu, die Menschheit zwischen fünfundzwanzig und vierzig wird sich mit dieser Erkenntnis noch eine ganze Weile schwertun. Es liegt an uns, den Betroffenen, die Entwicklung zu beschleunigen. Dafür müssen aber auch auf seiten der Alten antiquierte Moralvorstellungen abgelegt werden. Leider sind Prüderie und Verklemmtheit vielen schon in frühester Jugend anerzogen worden. Aber dieses Angelernte kann auch wieder verlernt werden. Es sage niemand: »Dazu bin ich zu alt!«

Ob ich noch Sex brauche, ob er noch wichtig für mich ist – das kann nur ich für mich entscheiden. Und es gibt eine Menge Leute, die – nicht aus Prüderie und Verklemmtheit – irgendwann sozusagen über den Sex hinaus sind. Sie sind tatsächlich nicht mehr scharf drauf. Sie haben einfach genug davon gehabt. Anderes ist ihnen jetzt wichtiger. Sie könnten noch, aber sie wollen nicht mehr. Sie brauchen nichts zu verdrängen, kein bißchen »verschwiegene Lust«, sie sind persönlich nicht mehr interessiert. Das bedeutet nicht, daß sie prinzipiell etwas gegen Sex im Alter haben. Sie halten ihn weder für peinlich noch für pervers oder lächerlich. Jede soll Sex treiben, solange sie dazu Lust hat. Aber auch nicht länger. Nicht, weil sie irgendwem damit irgend etwas beweisen will.
Und hier kommen wir an einen kritischen Punkt. Genauso, wie ich gegen jeden auf die Barrikade steige, der alten Menschen ihren Spaß am Sex nehmen will, verwahre ich mich gegen die Behauptung, ohne Sex sei das Leben nichts mehr wert. Wer sich das einredet – oder von vielleicht sogar wohlmeinenden, scheinbar fortschrittlichen Leuten einreden läßt –, begibt sich in Zugzwang, schafft sich schon wieder Streß. Jeder, wie er kann, jede, wie sie mag. Wenn eine Frau ihr Leben in jeder Hinsicht gelebt und genossen hat, wird sie – siehe die famose Lotti Huber – auf Sex eines Tages vielleicht keinen Wert mehr legen. Sie braucht keine »Beziehungskiste« mehr! Wer alle die großen und kleinen Dramen mit Eifersucht, Enttäuschung, Versöhnung, Trennung et cetera zur Genüge durchgespielt hat, fragt sich schließlich, wozu das alles noch mal wiederholt werden muß. Ich gehöre zu denen, die sich das fragen. Allerdings glaube ich wahrhaftig nicht, daß eine

Fünfundsechzigjährige aus Altersgründen (!) unfähig ist, Enttäuschungen in der Liebe zu verkraften. »Maria Schell: Liebeskummer in ihrem Alter ist tödlich!« So titelte eine deutsche Illustrierte einen Bericht über den Selbstmordversuch der fünfundsechzigjährigen Schauspielerin, ungeachtet übrigens der Tatsache, daß der angebliche Liebeskummer nur vermutet wurde. Liebeskummer kann in jedem Alter tödlich sein, werte Damen und Herren von der Presse. Eine Siebzehnjährige kann daran ebenso zugrunde gehen wie eine Siebzigjährige. Wer immer diese törichte Titelzeile erfunden hat, muß das gewußt haben, so dumm kann man nicht sein. Aber die Behauptung untermauert die weitverbreitete Meinung, ältere Frauen – wohlgemerkt: Frauen! – sollten die Finger von etwas so Gefährlichem wie einer Liebesbeziehung lassen. Von Sex gar nicht zu reden! Jede, wie sie mag...! Die Aussteigerinnen in Sachen Beziehungskiste und Sex haben den anderen allerdings voraus, daß sie unabhängiger geworden sind. Sie haben ihr Alleinsein akzeptiert und erleben dadurch ein ganz neues Gefühl von Freiheit. Einer Freiheit, die ihnen erst das Alter gebracht hat. Ganz allmählich haben sie sich von vielem befreien können, womit ich nicht meine, daß sie nur Ballast abgeworfen haben.
Der Mystiker Osho sagt: »All your so-called desires are all centered of a single fact, a single interest, and that is sex. Just live it, and live it joyously without any fear of hell or heaven... And once you are out of it, once sex has disappeared like smoke disappearing into the sky and you cannot see it, then meditation is so easy.«

14

Hobby im Alter – jetzt geht der Spaß erst richtig los

Meine Tante Trude, die verehrungswürdige Zweiundneunzigjährige, hat zwei Hobbys. Sie strickt wunderbare, federleichte Wollschals, und sie knüpft kleine Teppiche. In ihrem gemütlichen Puppenstuben-Wohnzimmer steht ein Gerät, über das sie den Stramin spannt, die Unterlage für ihre Teppiche. Daran arbeitet sie. Zwölf selbstgeknüpfte Brücken zieren ihre kleine Wohnung, in der größten Brücke stecken achtzehntausend Knoten. Mit achtzig, nachdem sie schwer gestürzt war und sich die Hüfte gebrochen hatte, entdeckte sie dieses Hobby. Eine Nachbarin, die von Tante Trudes Strickkünsten wußte, machte sie darauf aufmerksam. Tante Trude, noch immer lernbegierig, arbeitete sich schnell ein. »Ich brauchte was, womit ich mich beschäftigen konnte«, erklärt Tante Trude. Und das Teppichknüpfen beschäftigt sie noch heute, bis zu zwei Stunden täglich. Wenn sie genug hat, strickt sie. Beides, das Stricken wie das Knüpfen, hat ihr über viele leidvolle Stunden weggeholfen: »Ich vergeß dabei die Schmerzen in den Knochen.«

Mit achtzig ein Hobby entdecken und es mit zweiundneunzig immer noch aktiv betreiben – das soll meiner

Tante Trude erst mal jemand nachmachen. Doch ihr Beispiel beweist: es geht! Natürlich sieht sie auch fern, mit Vorliebe beim Stricken. Erst im vorigen Jahr hat sie sich einen neuen Fernsehapparat gekauft. Aber Fernsehen allein genügt ihr nicht. Fernsehen ist kein Hobby.

Was ist eigentlich ein Hobby? Im Duden lese ich: »Als Ausgleich zu einer Tagesarbeit gewählte Beschäftigung, mit der jemand seine Freizeit ausfüllt und die er mit einem gewissen Eifer betreibt; Steckenpferd, Liebhaberei.« Und der Duden kennt sogar einen »Hobbyisten«: es ist jemand, der ein Hobby hat.

Hie Tagesarbeit, hie Freizeit also. Was aber, wenn da nichts mehr auszugleichen ist, weil sich die Tagesarbeit von uns verabschiedet hat oder wir uns von ihr? Wird das Hobby dann plötzlich tagesfüllend? Die Vorstellung ist schrecklich, nicht mehr ein paar entspannende Stunden am Abend, sondern ganze Tage an der Töpferscheibe zu verbringen oder schon gleich nach dem Frühstück die Briefmarkensammlung zu sortieren, Seide zu bemalen, hausgemachte Videofilme zu bearbeiten, Gitarre zu spielen. Wenn die Tagesarbeit dem »verdienten Ruhestand« gewichen ist und die Freizeit uns angähnt, sind wir ja noch nicht in Tante Trudes begnadetem Alter, wo die Kraft gerade für ein Hobby (oder zwei) ausreicht. Wir fühlen uns durchaus noch stark und energiegeladen genug für Beschäftigungen, dic über das Hobbymaß hinausgehen, was nicht heißt, daß wir nun überhaupt kein Interesse mehr an unserem Hobby hätten.

Der Soziologe Helmut Schelsky hat in seinem Buch »Auf der Suche nach der Wirklichkeit« auf eine paradoxe Situation hingewiesen: Alte Menschen haben zwar genügend freie Zeit, um ihr Leben sinnvoll zu gestalten, aber die Möglichkeiten, sich »echt« zu betätigen, sind ihnen genommen. Für Schelsky stellt sich die Frage, wie ein alter Mensch statt unbefriedigender Ersatztätigkeiten und Hobbys (!) neue, sinnvolle Funktionen finden kann. Und vor genau dieser Frage stehen viele, die zwischen Ende fünfzig und fünfundsechzig aus dem Berufsleben herauskatapultiert und in den Kasten mit der Aufschrift »Vorsicht! Alt!« aussortiert werden.

Eines wollen diese Menschen ganz gewiß nicht: daß sich das Hobby, was immer es sein mag, nun elefantiasisch aufbläht und zu einer Art neuem Lebensinhalt wird. Das Hobby war immer eine hübsche Nebensache, und die soll es auch bleiben. Doch jetzt fehlt die Hauptsache, also genau das, wofür es als Ausgleich gedacht war. Irgendwie erinnert die Situation an das Morgensternsche Gedicht vom »Lattenzaun mit Zwischenraum hindurchzuschau'n«: Nachdem ein Architekt diesen Zwischenraum gestohlen hatte, war mit dem Zaun nichts mehr anzufangen, das eine gehörte zum andern! Genau das ist der Haken beim Hobby: da steht es nun plötzlich solo und ohne jedes Drumherum, wie der seines Zwischenraums beraubte Lattenzaun, »ein Anblick gräßlich und gemein«.

»Du hast doch sonst immer so gern im Garten gearbeitet«, sagt die Frau zu ihrem verdrießlichen, frisch pensionierten Ehemann, der ihr vor den Füßen herumquengelt und nicht weiß, womit er sich beschäftigen soll. Natürlich hat er früher gern im Garten gearbeitet! Aber da war die Gartenarbeit ein Hobby, da hieß es »Das brauch ich einfach nach der Sitzerei am Schreibtisch«. Am Schreibtisch sitzt nun der jüngere Kollege. Wozu sich also mit schmieriger Gartenerde dreckige Hände machen und beim Umgraben das Kreuz verbiegen? Womöglich noch einen Hexenschuß kriegen? Scheißhobby, denkt der Pensionär, läßt sich in seinen Lieblingssessel fallen (den er nun auch nicht mehr so bequem findet) und betätigt die TV-Fernschaltung.

Das Hobby kann nichts dafür. Und wir werden ihm noch dankbar sein und es hegen und pflegen, nicht erst, wenn wir in das begnadete Alter meiner Tante Trude gekommen sind. Ob wir es dann überhaupt noch hegen und pflegen können, ist sowieso die Frage. Nein, es wird nicht allzu lange dauern, bis wir das Hobby wieder da haben, wo es hingehört. Sobald sich das neue Leben, das wir nun zu führen genötigt sind, eingependelt hat. Sobald uns klargeworden ist, daß wir Beschäftigung um jeden Preis gar nicht brauchen – sogenannte sinnvolle Beschäftigung. Ein Weilchen wird das aber bei den meisten von uns dauern. Es ist nun mal so: wir sind darauf programmiert worden, daß der Mensch sich beschäftigen muß. Sinnvoll natürlich. Sinnvoll bedeutet, einer nützlichen Tätigkeit nachzugehen. Das haben die meisten Menschen getan, bis sie das sogenannte Rentenalter erreichten. Sie waren Beamte, Arbeiter, Angestellte, fütterten Computer, verkauften Gemüse, steuerten Busse, bedienten in Luxusgaststätten, pflegten Kranke, scheuerten Fußböden und legten Dauerwellen ein. Sie bearbeiteten Steuererklärungen, kontrollierten Fahrscheine, unterrichteten in Grundschulen und entstörten Telefone. Alle diese Tätigkeiten waren nützlich und sinnvoll und wurden entsprechend (oder auch nicht) vergütet. Mithin waren die Ausübenden nützliche Mitglieder der menschlichen Gesellschaft. Nun aber fühlen sie sich nicht mehr nützlich. Keine sinnvolle Tätigkeit füllt ihren Tag aus. Das Hobby, wenn sie denn eines haben, tröstet sie nicht darüber hinweg. Man tut ihnen keinen Gefallen, wenn man sie immer wieder mit der Nase auf dieses Hobby stößt. Zum Zeitpunkt ihrer Außerkraftsetzung haben sie kein Interesse daran. Sie müssen erst einmal damit fertig werden, daß sie nicht mehr nützlich sind. Die Tatsache, daß sie nun alle Zeit der Welt für sich (und ihr Hobby) haben, macht ihnen ihre scheinbare Nutzlosigkeit nur noch deutlicher.

Aber, wie gesagt, das sind Beschwerden am Anfang des neuen Lebens. Die alten Gewohnheiten stecken den meisten sogenannten Ruheständlern allzu tief in den Knochen. Auch wer sich auf den Ruhestand eher gefreut hat, stößt da zunächst auf Anpassungsschwierigkeiten. Kämpft gegen Minderwertigkeitsgefühle. Empfindet Bitterkeit bei dem Gedanken, daß jemand anders seinen Arbeitsplatz ausfüllt, jemand, der vielleicht sogar weniger kompetent ist. Es hilft aber nichts, da muß man durch. Und das ist auch zu schaffen. Wenn es aber geschafft ist, öffnen sich neue Welten. Nein, nichts Besonderes, es sind ganz gewöhnliche Welten – aber dieser Alltag ist neu. Und er kann Spaß machen. Mir jedenfalls macht es Spaß, Zeit zu haben. Wenn ich sie mal nicht habe, liegt das an mir – ich bin ja Gott sei Dank Herrin über meine Termine, und wie ich sie verteile, ist meine Privatangelegenheit. Es macht mir Spaß, für etwas Zeit zu haben, was ich als nützliche Berufstätige meistens im Husch erledigen mußte. Jegliche Hausarbeit zum Beispiel. Das Einkaufen. Klar, ich könnte alles einmal in der Woche im Supermarkt besorgen, aber das ist mir zu langweilig. Ich kaufe in kleinen Portionen für meinen Ein-Personen-Haushalt (mit Kater) ein, und das am liebsten täglich, bei schönem Wetter und im Winter, wenn es mir fürs Auto zu glatt ist, auch zu Fuß (ich habe es nicht sehr weit). Ich bemühe mich, alles, was ich tue, möglichst bewußt zu tun, ob ich nun abwasche (ich besitze keine Spülmaschine) oder mein Essen vorbereite.

Der schnelle Roboter, der ich in Sachen Haushalt früher gezwungenermaßen war, bin ich nicht mehr. Und ich bilde mir ein, die Dinge danken es mir. In erster Linie natürlich die Blumen und Pflanzen, die bei mit immer reichlich vorhanden sind. Zum richtigen Hobby hat sich diese Vorliebe allerdings nicht entwickelt, dafür ist mein Daumen wohl doch nicht grün genug.

Zeit haben für alles, wofür wir früher keine Zeit hatten. Auch für die ganz gewöhnlichen Dinge. Wir werden bald feststellen – am wenigsten Zeit hatten wir bisher eigentlich für uns selbst. Für unsere ganz gewöhnlichen Wünsche und Bedürfnisse. Den Besuch bei einer kranken Freundin schoben wir noch irgendwie ein ins Tagesprogramm, der Brief an die Mutter wurde, wenn es sein mußte, noch nachts um eins geschrieben, das Telefongespräch mit dem Freund in der Midlife-crisis hatte Vorrang, obwohl wir eigentlich lieber in aller Ruhe die Zeitung gelesen hätten. Nicht, daß wir besonders edel und selbstlos und menschenfreundlich gewesen wären, aber irgendwie ließ es unser schlechtes Gewissen nicht zu, die anderen noch mehr zu vernachlässigen, als wir das unserer Meinung nach sowieso schon taten. Auf der Strecke blieben wir selbst. Wir litten nicht besonders darunter, es wurde uns eigentlich überhaupt nicht richtig bewußt. Manchmal seufzten wir: »Ich würde so gern mal... warum kann ich jetzt nicht... wenn ich doch nur Zeit hätte, um...« Es waren meist eher Kleinigkeiten, um die es ging. Nun ist es soweit. Wir haben Zeit für uns selbst, soviel wir wollen, auch für Kleinigkeiten. Wir brauchen niemanden mehr zu vernachlässigen, auch uns selbst nicht.

Was immer wir im »Ruhestand« tun oder nicht tun, Tagesarbeit im Sinne von Berufstätigkeit ist es jedenfalls nicht. Aber eines Tages wird es uns gelingen, unsere Energie und noch vorhandene Tatkraft neu zu kanalisieren. Dann haben wir den Begriff der »Tagesarbeit« neu definiert und uns daran gewöhnt, daß sie nun anders aussieht. Sie kann etwas sein, was wir für uns selbst tun, für unsere Gesundheit, Entspannung, für unser Wohlbefinden. Und sie kann bedeuten, daß wir uns in welcher Weise auch immer für andere und anderes engagieren. Jede muß selbst herausfinden, was ihr da wichtig erscheint. Schön, wenn sie das braucht, schön, wenn sie es nicht braucht. Damit meine ich, daß aus solchen Tätigkeiten nicht schon wieder eine Pflichtübung gemacht werden sollte. Wer keinen Wert mehr darauf legt, sich irgendwo nützlich zu machen, darf deshalb nicht von den ewig Emsigen schief angesehen werden. Die Ameise soll sich nicht über die Grille erheben. Der Wert eines Menschen definiert sich nicht über seine »Nützlichkeit«.

Osho erzählt von Laotse, der mit seinen Jüngern unterwegs war und durch einen von Holzfällern schon fast ganz abgeholzten Wald kam. Nur ein Baum stand noch, ein riesiger Baum, der Tausende von Ästen hatte: »Der Baum war so groß, daß zehntausend Menschen in seinem Schatten sitzen konnten. Laotse bat seine Jünger, nachzufragen, weshalb nicht auch dieser Baum gefällt worden sei.

Sie gingen und fragten die Holzfäller, und die sagten: ›Dieser Baum ist absolut untauglich. Man kann nichts mit ihm anfangen, weil jeder Ast so viele Knoten hat – nichts an ihm ist gerade. Als Feuerholz ist er nicht zu gebrauchen, denn sein Rauch ist gefährlich für die Augen. Dieser Baum ist absolut untauglich, und darum haben wir ihn nicht gefällt.‹ Die Jünger kamen zurück und sagten es Laotse. Er lachte und sagte: ›Seid wie dieser Baum. Wenn ihr nützlich seid, werdet ihr abgesägt und zu Möbelstükken im Hause eines anderen gemacht. Wenn ihr schön seid, wird man euch auf dem Marktplatz verkaufen, werdet ihr zur Ware gemacht. Seid wie dieser Baum, absolut unbrauchbar... dann werdet ihr in die Höhe und Breite wachsen, und Tausende werden unter euch Schatten finden.‹«
Und damit bin ich wieder beim Hobby und seiner holden Nutzlosigkeit. Der Ruheständler, die Ruheständlerin hat sich nach einer Krisenzeit zu ihm durchgehangelt, die Horrorvision vom Hobby als Ersatzbefriedigung für Workoholiker ist verschwunden, es ist wieder auf den Platz gerückt, der ihm zukommt. Ein Hobby darf immer nur ein bißchen von etwas sein. Jetzt, da die Leute Zeit haben, darf's natürlich schon ein bißchen mehr sein. Aber nicht zuviel! Dann kann es leicht sehr langweilig werden. Zu wenig ist allerdings auch schlecht. Hobbys, die nicht gepflegt werden, verkümmern allmählich.
Nun gibt es solche und solche Hobbys. Das Sammeln von Mineralien, Bierdeckeln, Streichholzschachteln, Zuckerstückchen und Kuriositäten aller Art gehört zur eher simplen (wenn auch sicher oft zeitaufwendigen) Kategorie. Es strapaziert den Geist nicht übermäßig, es ist nicht

eigentlich kreativ. Auch Handarbeiten verlangen eher Fingerfertigkeit als geistige Beweglichkeit. Wer die dem Manuellen vorzieht, beschäftigt sich mit anderen Hobbys – zum Beispiel mit dem Erlernen von Sprachen. Ich kenne eine Achtundsiebzigjährige, die regelmäßig Französischunterricht nimmt. Ein reines Hobby, denn für irgendeinen Beruf braucht sie die fremde Sprache nicht mehr. Doch sie reist viel und auch in die Ferne. Und da sie immer noch gern und leicht lernt, paukt sie sich also Französisch ein.

Im Alter etwas lernen ist ein Hobby, das fürs Gehirn so bekömmlich ist wie die tägliche Gymnastik für Muskeln und Knochen. Vor einiger Zeit machte ich eine »Bildungsreise« mit, die ein Kunsthistoriker veranstaltete und die zu verschiedenen Domen und ihren Kunstschätzen führte. Teilnehmer waren fast ausschließlich Frauen und Männer jenseits der Fünfzig. Sie scharten sich bei jeder Führung eng um ihren Professor, und einige machten sich Notizen. Später erfuhr ich, daß die meisten Teilnehmerinnen und Teilnehmer Stammgäste waren. Und sie gaben sich nicht mit dem schönen Anblick der Gotteshäuser und ihrer Architektur zufrieden, sie beließen es nicht beim bloßen Betrachten von Altären und Plastiken – sie wollten alles genau wissen! Kunstgeschichte als Hobby. Sie hatten alle ihren Spaß mit ihrer Wißbegierde. Es war ein reines Vergnügen. Nützliches im Sinne von beruflich verwendbar brauchten sie nicht mehr.

In Ausnahmefällen kann es passieren, daß aus einem Hobby im Alter noch echte Arbeit wird. Leni Riefenstahl machte mit zweiundsiebzig eine Tauchausbildung, ihrem Hobby, der Unterwasserfotografie, zuliebe. Wie bei einer leidenschaftlichen Filmerin und Fotografin nicht anders zu erwarten, geriet das Hobby bald aus den Fugen. Es entstand ein Bildband »Wunder unter Wasser« mit sensationellen Unterwasserfotos. Mit achtundachtzig präsentierte die Meisterin ihn der staunenden Öffentlichkeit. Aber natürlich, was heißt in diesem Fall schon Hobby! Was immer diese Frau in Sachen Fotografie und Filmen machte, konnte unmöglich dilettantisch sein. Doch das macht ja gerade den Reiz eines künstlerischen Hobbys aus, daß, was immer man tut, es nicht das Werk eines Profis ist. Es bleibt ein purer Spaß, auch wenn Theatergruppen von Laienspielern mit ihrer Kunst an die Öffentlichkeit treten. Viele ältere und alte Menschen machen in solchen Gruppen begeistert mit. Sie spielen sich frei, sie singen sich munter, sie musizieren und freuen sich ihres Lebens. »Alt im Alter – lieber lach ich mich tot!« hieß das Motto einer Nürnberger Senioren-Theatergruppe, deren Mitglieder vorm eigenen Alter offenbar keinerlei Ehrfurcht hatten.

Die einen spielen Theater, die anderen gehören zur Gattung der Sonntagsmaler, oder sie modellieren, schreiben Dramen, dichten Lyrisches. Was sie machen, ist absolut unnütz und absolut liebenswert. Ein Hobby eben. Ein Ausgleich zum Alltag. Und je kreativer das Hobby ist, desto besser. Man hat mehr davon, auch mehr Überraschungen. Plötzlich kann man etwas, was man sich nie zugetraut hätte, im Ernst nie zugetraut hätte! Man kann ja Theater spielen, dichten, malen! Und das Herrliche ist, daß man keinen Ehrgeiz mehr entwickeln muß, sich mit niemandem messen muß, das Konkurrenzdenken, der Leistungsdruck sind vorbei.

Jüngeren Leuten ohne Hobby kann ich nur empfehlen, sich nach einem umzusehen. Es ist sehr gefährlich, wenn jemand behauptet: »Ich brauche keines, mein Beruf ist mein Hobby.« Für Künstler mag das gelten, doch witzigerweise haben gerade sie meistens Hobbys. Der weltberühmte Tenor kocht leidenschaftlich gern. Die Erfolgsautorin ist eine passionierte Reiterin. Die Malerin spielt Klavier. Ein weitverbreitetes Hobby ist natürlich jede Art von Sport. Aber Achtung, wer mit zuviel Ehrgeiz an die Sache herangeht, macht aus dem Hobby schon wieder etwas Ernsthaftes. Ein Hobby muß Spiel bleiben. Sport, wie er heute in Fitneßcentern betrieben wird, hat mit Hobby kaum noch was zu tun; wer sich dort mehr oder weniger quält und trimmt, tut das nicht des Lustgewinns wegen, sondern um in Form zu bleiben: die Jüngeren in erster Linie aus beruflichen Gründen. (Wer fett ist und unbeweglich, hat weniger Chancen.) Das Hobby Sport ist also in jedem Alter mit Vorsicht zu genießen. Die wirklichen Genießer unter den Hobbysportlern allerdings werden noch im Alter damit ihr Vergnügen haben. Und nebenbei fit bleiben.
Es gibt einen hübschen Witz. Eine Frau trifft eine andere und fragt sie: »Was macht eigentlich Karl?« – »Ach, der meditiert jetzt.« – »Na, immer noch besser, als wenn er nur so herumsitzt.« Ich finde den Witz gut, obwohl ich nicht der Meinung bin, daß Meditieren weiter nichts ist als »nur so herumsitzen«. Allerdings – eine Tätigkeit ist Meditation nicht. Der indische Mystiker Osho sagt: »Meditation ist nicht etwas, was getan werden muß. Alle Welt ist der Ansicht, Meditation sei Tun. Meditation ist kein Tun, keine Handlung. Sie geschieht. Nicht du gehst zu

ihr, sie kommt zu dir und durchdringt dich... Du kannst nur die Situation schaffen, in der sie eintritt. Alles, was du tun kannst: Sei offen und verletzlich für die Existenz – nach allen Seiten.«

Ich würde Meditation nicht im herkömmlichen Sinn als Hobby bezeichnen, aber wenn man das Hobby als Ausgleich betrachtet, so ist Meditieren ein Ausgleich.

»Meditation ist wiederentdecktes Spiel. Die Kindheit ist vorbei, aber jetzt hast du ihre spielerische Stimmung wiedergefunden. Du kannst mit bunten Steinen spielen, mit Blumen, du kannst mit allem spielen. Du kannst dich einfach gehenlassen, in spielerische Stimmung kommen, auch wenn du gar nicht spielst.« So hat Osho Meditation definiert. Diese Definition wird manche überraschen, die sich unter Meditieren etwas sehr Ernsthaftes, Anstrengendes, Konzentriertes vorgestellt haben. Es gibt anstrengende Meditationen, aber auch sie sollen nach Oshos Vorstellung das Gegenteil von Konzentration sein. Gedanken, Gefühlen freien Lauf lassen, akzeptieren, was dabei passiert: so sieht er Meditation. »Meditation ist einfach das Schaffen einer empfänglichen Situation, in der etwas geschehen kann, und alles, was du tun kannst, ist warten... Warten auf das Unbekannte, das ist Meditation.«

Für mich ist Meditation immer wieder eine Entdeckungsreise nach innen. Manchmal erwarte ich zuviel und bin enttäuscht, gar nichts geschieht mit mir und in mir, was soll das? Manchmal lasse ich mich einfach überraschen und bekomme plötzlich einen Geschmack davon, was Meditation sein kann... Auf jeden Fall: Ich möchte nicht mehr darauf verzichten. Möglichst keinen Tag! Ein Hobby? Es spielt keine Rolle, wie ich es nenne.

Vorstellbar wäre es, daß am Ende aller Hobbys, all der schönen, nutzlosen Tätigkeiten, die schöne, nutzlose Untätigkeit steht – Meditation. Dann wären die Hobbys, die wir im Laufe unseres Lebens durchgespielt haben, nur eine spielerische Vorbereitung auf das Endspiel gewesen: »Stilles Sitzen, Nichtstun, der Frühling kommt und das Gras wächst von selbst.«

15

Die alte Frau und ihre Katze

Die kleine Katze Minka aus Hamburg hat es zu trauriger Berühmtheit gebracht. Ihrer Eigentümerin, einer alleinlebenden alten Frau, wurde vom Vermieter untersagt, eine Katze in der Wohnung zu halten. Dem war ein Streit um eine Mieterhöhung vorausgegangen, den die alte Frau mit Hilfe des Mietervereins gewonnen hatte. Der Vermieter rächte sich, indem er auf Abschaffung der Katze klagte. Das Gericht gab ihm recht: Zwar habe die Mieterin jahrelang einen Hund halten dürfen, aber die Genehmigung für die Hundehaltung könne nicht auf eine Katze übertragen werden (Aktenzeichen 46 C 224/91). Natürlich löste dieses Urteil fast noch mehr Empörung in der Öffentlichkeit aus als die herzlose Schikane des Vermieters. Die Boulevardpresse überschlug sich, und sogar die seriöse »Frankfurter Allgemeine Zeitung« berichtete irritiert: »Rentnerin darf in der Wohnung keine Katze halten.«

Die alte Frau und ihre Katze. Der alte Mann und sein Hund. Da sitzen sie im Wartezimmer des Tierarztes und tauschen leidvolle Erfahrungen aus. Da rufen sie in der Tiersprechstunde des regionalen Radiosenders an und schildern mit akribischer Genauigkeit die Verdauungsbeschwerden ihres Wellensittichs. Da wird für Tierfutter manchmal mehr Geld ausgegeben als für die eigene Ernährung. Vielen Hunden sieht man's an: verfettet und asthmatisch können sie sich kaum noch bewegen, wenn sie denn überhaupt noch bewegt werden, denn das Gassigehen macht Frauchen und Herrchen schon rechte Mühe.

Eine junge Frau, die wegen Krankheit ihrer Schwiegermutter deren geliebten Spaniel für einige Zeit übernehmen mußte, bekam fast einen Schock, als sie das Tier in Empfang nahm: »Der Hund war so fett, daß seine Beine kaum noch den Boden berührten.« Vier Wochen, in denen die alte Dame im Krankenhaus lag, genügten, den Spaniel wieder schlank und mobil zu machen. Als seine Besitzerin ihn zurückbekam, meinte sie verstört, das sei nicht ihr Hund. Die Wiedersehensfreude, die der Spaniel zeigte, überzeugte sie dann doch. »Ich wette, in vier Wochen ist er wieder genauso fett wie vorher«, meinte die Schwiegertochter, »sie füttert ihn mit Keksen und Schokolade, bis er eines Tages platzt.«

Zugegeben, solche wahren Geschichten hören sich ziemlich schlimm an. Sie tragen leider dazu bei, daß über alte Leute und ihre Haustiere meist eher gespöttelt wird, Mitgefühl und Verständnis kommen da nicht so leicht auf. Die Generation unserer Groß- und Urgroßmütter amüsierte sich über das alte Fräulein und ihren pomadigen Mops. Möpse sind heute Raritäten, an ihre Stelle sind Dackel, Pudel, treuherzige Promenadenmischungen und natürlich Katzen getreten. Die Situation aber ist die gleiche: das Tier ist der einzige Hausgenosse und wird entsprechend geliebt, verwöhnt, vermenschlicht.

Wer das lächerlich findet, mag es immerhin tun. Ich kann

darin allerdings nichts Komisches finden – Tragikomisches höchstens. Die überfütterten Tiere tun mir leid, aber die alten Frauen und Männer, denen sie gehören, auch. Außer Minka, Struppi, Butschi und Bello gibt es für sie niemanden mehr, der sich verwöhnen und umsorgen läßt. Die wenigstens können sich ihrer leicht erdrückenden Fürsorge nicht entziehen, wie die erwachsenen Kinder, Schwiegerkinder und Enkel, sofern die sich denn überhaupt sehen lassen. Tiere sind dankbar, widerspruchslos, leicht glücklich zu machen. Die wissen, wer es gut mit ihnen meint! »An unserem Purzel«, erklärte ein alter Rentner, »hängen wir mehr als an unserer Tochter, das ist wahr! Die kümmert sich nicht um uns, für die sind wir gar nicht mehr vorhanden. Aber das Tier ist treu, da gibt's keine Enttäuschung.« Solche verbitterten alten Tierfreunde sind keine Seltenheit. Sie haben nicht mehr viel Spaß am Leben. Zu den wenigen Freuden ihres Daseins gehört ihr Tier.

Das sollte akzeptiert werden. Zum Glück wird es das meistens auch – in letzter Zeit, wie ich zu meiner großen Freude lese, sogar in vielen deutschen Alten- und Pflegeheimen! Es muß sich herumgesprochen haben, daß Tiere für alte Menschen nicht nur eine Freude, sondern auch eine wirksame Therapie sein können. Jedenfalls haben fortschrittliche Heime und Pflegestationen, die ihren Insassen Katze, Hund und Zwergkaninchen erlauben, mit der Kombination Mensch und Tier schon seit langem die besten Erfahrungen gemacht. Der Umgang mit einem liebe- und pflegebedürftigen kleinen Lebewesen wirkt auf viele alte und kranke Menschen wie eine Medizin. Sie fühlen sich wieder gefordert, angeregt und gebraucht,

haben ein Gesprächsthema auch untereinander, werden von den eigenen Beschwerden abgelenkt. Die DRK-Klinik für Geriatrie und Rehabilitation in Mettlach/Saar verfügt zum Beispiel über eine Abteilung mit Einzelzimmern, deren Bewohner dort wie in einem Altenheim leben. Sie dürfen ihr Haustier mitbringen, wenn sie sich selbst darum kümmern und niemand belästigt wird. Im Gemeinschaftsraum der Pflegestation zwitschern Kanarienvögel, und die Chefärztin wird bei ihrer Visite von einem kleinen tibetanischen Tempelhund begleitet. Sowohl die Kanarienvögel wie auch der Hund sind ein großer Erfolg. Der stumpfsinnige Alltagstrott ist auf einmal unterbrochen. Die alten Leute erinnern sich an eigene Haustiere aus längst vergangenen Zeiten, und für den kleinen Hund haben sie immer etwas zu naschen. Die Chefärztin ist begeistert – sie hat gleiche Erfahrungen in einem Schweizer Hospital gemacht. Die dortige Tagesklinik hielt sogar extra für die Patienten zwei Katzen. Auch die geronto-psychiatrische Tagesklinik vom Universitätsklinikum Erlangen erlaubt ihren Patienten, Haustiere mitzubringen. Wenn die Besitzer einmal außerstande sind, ihr Tier zu versorgen, helfen Mitbewohner. Es ist nicht anders als früher, wo man sich um die Nachbarskatze kümmerte, wenn die Familie verreist war.
Wie schön, daß andere Krankenhäuser und Heime bei uns nun nachziehen. In Hamburg lehnen nur zwei von dreizehn staatlichen Altenpflegeheimen jede Tierhaltung ab. Sicher: Ein bißchen Beweglichkeit, Toleranz, Improvisationslust und vor allem natürlich Tierfreundlichkeit sind schon nötig, wenn das Zusammenleben klappen soll. Toleranz nicht nur seitens des Pflegepersonals, sondern auch

der tierlosen Mitbewohner. Aber die Beispiele haben gezeigt, daß es funktioniert und den Menschen guttut, und sie haben tatsächlich etwas bewirkt. Seit 1988 gibt es übrigens in Berlin einen Verein »Leben mit Tieren«, der Kliniken und Heime berät. In Amerika untersucht ein »Institute of Animal Assisted Therapy« seit einigen Jahren den Zusammenhang von Tier-Mensch-Beziehung und schnelleren Heilerfolgen – auch bei jüngeren Menschen. In Amerika ist es auch bereits seit 1983 gesetzlich erlaubt, in öffentlich geförderten Heimen Tiere zu halten.

Ganz offensichtlich bewahrt der Umgang mit und die Gesellschaft von Tieren alte wie junge Kranke davor, in Lethargie zu versinken und in Depressionen zu erstarren. Für die Alten aber ist es wichtig, wieder Verantwortung und Pflichten zu haben und etwas Lebendiges zu versorgen, das ihnen dafür dankbar ist und sie akzeptiert, wie sie sind. Gar nicht zu reden von dem Trennungsschmerz, der denen erspart bleibt, die ihr geliebtes Schmusetier mitnehmen dürfen.

Alte und ältere Leute – oft nicht immer zu Unrecht als unvernünftig und uneinsichtig bekrittelt – liegen nach diesen neuen medizinisch-psychologischen Erkenntnissen also genau richtig, wenn sie eine Wohngemeinschaft mit Hund und Katz suchen. Recht hat die Siebzigjährige, wenn sie die kleine Katze aufnimmt, die da schon seit Tagen heimatlos auf der Straße herumstreunt. Recht hat der Fünfundsiebzigjährige, der mit seinem jungen Hund noch fleißig spazierengeht – seine Kinder fanden es zwar reichlich überflüssig, daß er sich »jetzt noch« ein Tier angeschafft hat. Aber er ist vollkommen glücklich mit dem kleinen Spaniel. Der Eigensinn, mit dem sich der alleinlebende alte Mann gegen seine Familie durchgesetzt hat, war völlig berechtigt.

Für wen die Gemeinschaft mit einem Tier ein Stück Lebensqualität bedeutet, der sollte erst recht nicht im Alter darauf verzichten. Viele können sich überhaupt erst nach der Pensionierung erlauben, Hund oder Katze ins Haus zu nehmen. Jetzt ist genug Zeit, sich um ein Tier zu kümmern. Es ist ein Kümmern auf Gegenseitigkeit, das darf nicht vergessen werden. Jawohl, Herrin und Hund/Katze kommunizieren miteinander. Es geht dabei sehr heiter zu, und beide sind es zufrieden. Nicht nur für betagte Altenheiminsassen, auch für noch nicht so betagte Pensionärinnen kann ein Haustier eine wirksame Therapie sein. Hunde sind gut für Seele *und* Leib, sie müssen täglich mehrmals bewegt werden, und das ist nicht nur für den Hund gesundheitsfördernd. Die kapriziösere Katze begnügt sich mit Streicheleinheiten und verlangt von ihrer Besitzerin (sofern man Katzen überhaupt besitzen kann) Fingerspitzengefühl: Jetzt bitte streicheln, jetzt bitte in Ruhe lassen, jetzt bitte die Küchentür öffnen, jetzt bitte die Balkontür. Hunde sind jederzeit für Zuwendung dankbar, Katzen wollen den Zeitpunkt selbst bestimmen. Aber ob nun Hund, Katze, Wellensittich oder Kanarienvogel: Im Alter etwas Lebendiges um sich zu haben, halte ich für enorm wichtig. Unter anderem eben deshalb, weil es auch von denen Disziplin fordert, die dazu neigen, sich fallen zu lassen. Damit meine ich natürlich nicht das genießerische Laisser-faire, das alle wohlig empfinden, die ihr Leben lang von Terminen gejagt worden sind. Wohlige Empfindungen sollen ausgekostet werden! Aber wer nach der Pensionierung, nach dem Auszug der Kinder, dem

Verlust des Lebensgefährten in Lethargie und Gleichgültigkeit gegen alle und alles (sich selbst eingeschlossen) abzusinken droht, empfindet sein Nicht-mehr-Gefordertsein eher als Belastung. Wozu sich noch zu irgendetwas aufraffen? Es verlangt ja kein Mensch mehr etwas von einem. Auch darüber ließe sich streiten. Jeder weiß schließlich, daß es unzählige Möglichkeiten gibt, sich als nutzvolles Mitglied der Gesellschaft zu zeigen, auch, oder gerade, wenn man aus dem Berufsleben verabschiedet worden ist oder überhaupt allein steht. Doch nicht jede fühlt sich zu sozialer Tätigkeit berufen, nicht jede mag sich ehrenamtlich engagieren. Und fremde Menschen, für die oder mit denen man irgend etwas tut, sind dann eben kein Ersatz für Vertrautes, was verloren ist.

Also Tier- statt Menschenliebe? Für irgendeinen räudigen Köter aus dem Tierheim sorgen, anstatt sich um Menschen zu kümmern, die Hilfe brauchen? Ich meine, wer menschenscheu, verbittert und einsam geworden ist, sollte zuerst einmal etwas für sich selbst tun. Wenn sich sein eigenes Wohlbefinden wieder einstellt, sieht die Welt anders aus, und vielleicht kommt er dann zu der Erkenntnis, daß es sehr wohl noch Menschen gibt, die auch ihm etwas abverlangen. Vielleicht wird er dann Freude daran haben, sich für sie einzusetzen. Zunächst aber muß ein Gefühl kanalisiert werden, das ganz einfach Raum braucht. Wenn ein Mensch zum Liebhaben und Umsorgen fehlt, ist der räudige Köter aus dem Tierheim allemal besser als eine leere Wohnung.

Tierliebe wird hierzulande ja gern bespöttelt und als sentimentales Getue abgewertet – nur über Schauriges mit Versuchstieren, Legebatterien und Schlachtvieh darf und soll sich der Mensch, ob jung, ob alt, empören. Auch besonders spektakuläre Fälle wie ein verirrter Wal oder die Katze Minka finden entsprechende Beachtung. Sonst aber werden in den Medien gern Mensch und Tier gegeneinander ausgespielt, Hundefreundlichkeit gegen Kinderfeindlichkeit. Als ob das eine mit dem anderen etwas zu tun hätte. Höchstens insofern, als Tierschinder meist auch Menschenschinder sind und umgekehrt. Hundehalter, die ihr Tier als Waffe benutzen, haben sich ihren Pitbull oder Mastino wohl kaum aus überquellender Tierliebe zugelegt. Und es finden sich noch andere Sadisten unter den angeblichen Tierliebhabern. Tierliebe? Wenn es die bloß reichlicher gäbe! Dann hätten die Tierheime in der Ferienzeit wohl keine Probleme mehr mit den massenhaft ausgesetzten Hunden und Katzen.

Natürlich kennen wir alle die Schauergeschichten von verwirrten alten Frauen und Männern, die in ihrer Zwei-Zimmer-Wabe Dutzende von Katzen halten, bis die Nachbarn, vom Gestank und Lärm aufgescheut, eingreifen. Abgesehen davon, daß solche Auswüchse eben nur Auswüchse sind: Vielleicht sollten sich die Nachbarn mit ein bißchen mehr Nachdruck gerade um die alten Mitbewohner kümmern, die mit einem Haustier zusammenleben. Kümmern nicht in der Form, daß sie sofort die Nase rümpfen, wenn es aus der Wohnung mal »nach Katze« riecht oder daß sie sich umgehend beschweren, weil der Hund »schon wieder« im Treppenhaus eine Pfütze hinterlassen hat. Wie wäre es, wenn die Jüngeren den Alten einmal ihre Hilfe anbieten würden? Es könnte ja sein, daß sie sich nicht wohl fühlen und dadurch versäumt haben, rechtzeitig mit dem Hund auf die Straße zu gehen. Es

könnte ja sein, daß sie vergessen haben, das Katzenklo sauberzumachen. Igitt? Ich höre schon: »Das ist doch schließlich nicht unsere Aufgabe – wenn die alten Leute ihr Tier nicht mehr richtig versorgen können, müssen sie es eben abschaffen!« Ja, im Abschaffen sind wir so schnell wie im Anschaffen, die Wegwerfgesellschaft läßt grüßen. Aber nachbarliche Wurschtigkeit ist zum Glück nicht immer mit purer Bosheit oder Herzlosigkeit gleichzusetzen. Oft sind die Leute ganz einfach gedankenlos – und oft auch etwas schüchtern. Die alte Frau mit dem Hund sehen sie doch höchstens mal im Treppenhaus. Sie können sie doch nicht einfach ansprechen. Doch, sie können. Auch auf die Gefahr hin, daß die alte Frau ihr Hilfsangebot zunächst ablehnt. Alte Leute sind mißtrauisch, haben oft schlechte Erfahrungen gemacht. Aber warum nicht den Versuch machen? Und auch der Katzenhalterin, aus deren Wohnung es »immer so stinkt«, kann womöglich geholfen werden. Fällt es ihr schwer, das Paket mit Katzenstreu drei Treppen hochzutragen? Also, wir fahren eh' zum Supermarkt, sollen wir Ihnen ein Paket mitbringen? – Es wird zuwenig gefragt bei uns.
Die alten Leute und ihre Tiere sind nichts zum Bespötteln und schon gar nichts zum Aufregen und Sichbeschweren. Aber hier wäre eine gute Gelegenheit für Hilfsbereitschaft und Verständnis – etwas, wovon doch immer soviel geredet wird.

16

Reisen, aber nicht bloß zur Kur!

»Ich weiß nicht, ob das Hochgebirge die richtige Gegend für Güterwagen-Ladungen von Altersheimen ist. Die alten Leute passen da nicht hin! Die steigen aus dem Bus, trinken ihren Kaffee und sehen doch nichts.«
Diese unfreundlichen Worte werden dem Schauspieler Klaus Löwitsch (vierundfünfzig, als er sie angeblich sprach) zugeschrieben, einem Künstler, der für die naturgetreue Darstellung machohafter Fieslinge auf dem Bildschirm bekannt ist. Löwitsch wohnt in Pertisau am Achensee, anscheinend eine bevorzugte Gegend für Bustourismus. Nun, daß die Anwohner über einen Massenansturm von Touristen nicht glücklich sind, ist ja zu verstehen. Aber warum diese Abneigung gegen die Alten? Was ist an ihnen unangenehmer als an den Jüngeren, die mit Kameras anrücken, filmen und fotografieren, was ihnen vor die Linse kommt, und dabei genauso wenig sehen wie die alten Kaffeetanten und -onkel? Und warum soll den alten Ausflüglern gerade das Hochgebirge verwehrt werden? Die Gefahr besteht nicht, daß sie dort oben herumkraxeln und leere Bier- oder Coladosen nebst Zigarettenschachteln und Bonbonpapier zurücklassen. Fürs Hoch-

gebirge sind sie also weit ungefährlicher als die Jüngeren. Aber Herrn Löwitsch stört ihr Anblick. Bedauerlich für ihn. Er wird sich daran gewöhnen oder den Wohnort wechseln müssen, und selbst das wird ihm nicht viel helfen.

»Die Alten« – schon wieder die beliebte Verallgemeinerung – haben ihre Reiselust entdeckt.

Der Studienkreis für Tourismus hat festgestellt, daß vor allem Menschen im Alter zwischen siebzig und neunundsiebzig Jahren immer mobiler geworden sind. Waren es noch 1986 nur 34,6 Prozent Bundesbürger dieser Altersklassen, die sich eine Ferienreise gönnten, so zog es 1988 bereits 45,2 Prozent in die nähere und weitere Ferne. Tendenz steigend! Auch was die noch älteren Semester betrifft: 1988 verreisten 38,8 Prozent der Achtzigjährigen und über Achtzigjährigen für fünf oder mehr Tage.

Dabei reisen die Älteren und Alten keineswegs nur im Familienverbund oder in anderer Begleitung. Vierundfünfzig Prozent aller alleinreisenden Frauen sind über sechzig. Ältere Männer tun sich da etwas schwerer, die gleiche Altersgruppe der männlichen Alleinreisenden bringt es nur auf knappe fünfzehn Prozent. Ja, wer soll ihnen auch den Koffer packen und unterwegs für frische Wäsche sorgen? Und Schuhe werden in den Hotels ja auch nicht mehr geputzt. Frauen, egal, wie alt, sind da pfiffiger. An der Hilflosigkeit der alten Herren allerdings nicht immer ganz unschuldig. Weibliche Wesen neigen leider dazu, Männern nach dem Motto »Das ist Frauensache« alle Reisevorbereitungen aus der Hand zu nehmen und am Reiseziel für den Teuren zu sorgen, als wären sie daheim. Kein Wunder, daß ein Tschapperl zurückbleibt, wenn die

liebevoll Sorgende vor dem Gatten das Zeitliche segnet. Da bleibt der Witwer dann doch lieber gleich zu Hause, wo sich irgendeine Frau schon um ihn kümmert. Das ist allemal bequemer.
Natürlich lieben auch Frauen ihre Bequemlichkeit (nicht nur im Alter). Aber beim Reisen ist sie nicht das Wichtigste. Wichtiger ist, sich jetzt vielleicht endlich einen Traum zu erfüllen, den manche jahrelang in sich hegte. Gereist ist sie zwar auch in jüngeren Jahren, aber wenn sie Mann und Kinder hatte, waren die meisten dieser Reisen Kompromisse. Den Kindern zuliebe ging es an die See oder in ein gangbares Mittelgebirge, Exotischeres war zu aufwendig, auch in finanzieller Hinsicht. Als auf die Kinder keine Rücksicht mehr genommen werden mußte, meldete der Mann Vorlieben und Abneigungen an: bloß keine allzu fernen Reiseziele, da ist es doch nur schmutzig, man wird geneppt und kriegt was mit dem Magen. Wandern in Österreich war das Äußerste. Dann ist die Frau eines Tages allein und riskiert es, ihren Traum zu verwirklichen. Sie bucht Mexiko oder Nepal oder China. Ich kenne eine Achtzigjährige, die immer wieder durch Indien kurvt und dabei in Kauf nimmt, daß sie von diesen Reisen fast jedesmal eine üble Infektion mitbringt. Sie kann sich's nicht angewöhnen, beim Essen und Trinken vorsichtig zu sein. Aber sie genießt diese Reisen. Sie hat jahrelang davon geträumt. Wenn sie wieder zu Hause ist, hat sie der Familie unerschöpflich viel zu erzählen.
Meine Tante Inge -- sie wurde einundneunzig und war mit meiner Tante Trude weitläufig verwandt – hatte bescheidenere Reiseträume. Die erfüllte sie sich Jahr für Jahr; sie war Zahnärztin und selbständig. Über dreißig Jahre lang

reiste sie nach Helgoland, und noch mit achtzig schwamm sie von der Badedüne aus ins rauhe Meer hinaus – nur einmal mußte ihr die Rettungswacht zu Hilfe kommen, da hatte sie eine kleine Schwierigkeit mit dem Rückweg. Natürlich war sie Ehrengast. Einmal, da muß sie in den Siebzigern gewesen sein, reiste sie mit ihrer etwas jüngeren Schwester, meiner Mutter, nach Spanien. Na ja! Ganz interessant, aber viel zu heiß und das Essen nicht, wie sie es gewohnt war. Im nächsten Jahr wurde wieder Helgoland gebucht. Tante Inge hatte ihren ganz speziellen Geschmack, nicht nur, was Reisen anging. Übrigens reiste sie, die Junggesellin, am liebsten allein und legte nicht den geringsten Wert darauf, während der Ferien mit anderen Leuten in Kontakt zu kommen. Es sei denn, sie hatte Lust auf eine Skatpartie. Meistens gewann sie.

Leider sind nicht alle älteren und alten Menschen von so beneidenswerter Gesundheit, daß sie auch eine eher strapaziöse Reise gut überstehen könnten. Von den Kosten ganz zu schweigen, die etwa eine Flugreise in die Tropen mit sich bringt. Wer etwas an sich zu heilen hat oder Beschwerden wenigstens lindern möchte, fährt also ins Bad. Das ist gesund, aber ich weiß nicht, ob es so lustig ist. Auch wenn man nicht in einem Sanatorium wohnt, muß man sich an gewisse Regeln halten, Bäder, Massagen, Packungen (am frühen Morgen!), Anwendungen aller Art zu festen Zeiten über sich ergehen lassen, selbst ein Spaziergang geschieht auf ärztliche Verordnung. Es ist vernünftig und richtig, eine Kur zu machen, wenn man sie nötig hat, egal, wie alt oder jung man ist. Doch meine Beobachtungen in einschlägigen Heilbädern waren eigentlich eher deprimierend. Jeder lebt total seinem Leiden.

Kurgast-Gespräche drehen sich ausschließlich um ebendieses Leiden, so, als ob es auf der Welt nichts anderes gäbe. Dafür ist man ja schließlich hier!
Lustvoll sind solche Reisen also nicht. Sie haben was von Kamillentee, der zwar auch gesund, aber langweilig ist. Man kann froh sein, wenn man es hinter sich gebracht hat. Von Genuß keine Spur. Kur-Reisende, wenn sie nicht gerade so leidend sind, daß ihre Kräfte für anderes nicht mehr ausreichen, sollten sich nach der Pflicht die Kür gönnen. Irgendwann nach dem vollbrachten, tapfer abgeleisteten Dienst an der Gesundheit einen draufmachen. Keine teuren vier Wochen, die sich nur die Betuchten leisten können, nicht einmal vierzehn Tage müssen es sein. Aber es gibt so viele preiswerte Kurzreise-Angebote, vom verlängerten Wochenende bis zu acht Tagen, und die sollte nutzen, wer nur irgend kann; der Einwand, das sei zu anstrengend, hält meist nicht wirklich stand. Schließlich haben sie es ja auch bis Bad Mergentheim, Reichenhall, Wörishofen oder Salzuflen geschafft. Da werden sie wohl die Busreise in die Toskana oder das Bahn-Bus-Arrangement nach Spanien überstehen. Wem das zu weit ist, der kann sich in den neuen Bundesländern umsehen, Altbekanntes wiederentdecken, Erinnerungen auffrischen. Nur Mut, traut euch ruhig etwas mehr zu, möchte ich all denen zurufen, die da meinen, eine Kurreise sei in ihrem Alter das einzig Wahre. Es sind immer noch viele, die das meinen – ungeachtet der reiselustigen »neuen Alten«.
Mit Boykott belegen sollten dagegen Reisewillige jeden Jahrgangs Busfahrten, die mit Mittagessen und Kaffeetafel (»in schöner, ländlicher Umgebung«) beginnen und mit dem Verkauf von überteuerten Haushaltswaren oder Tex-

tilien enden. Gewiß, niemand ist zum Kauf verpflichtet, aber wenn der Umsatz sich nicht lohnte, würden solche Fahrten wohl gar nicht erst stattfinden. Es wäre gut, wenn die Zielgruppe dieser ominösen Kaffeefahrten einfach nicht mehr mitmachte. Gut für alle, die am Ende doch schwach (gemacht) werden und mit etwas nach Hause kommen, was sie a) gar nicht brauchen und b) woanders billiger bekämen. Aber ich fürchte, solche Fahrten werden immer ihre Klientel finden. Weil alte Leute eben auch ganz schön dickköpfig sein können (»Ich will da aber mitfahren, ich kauf schon nix!« – und dann kauft sie doch).

Reisen, um was von der Welt zu sehen, Reisen für die Gesundheit – das ist das eine. Aber manche alten Leute sind auch noch aus anderen Gründen unterwegs. Die Zürcher »Weltwoche« berichtete, daß die Schweizer Senioren von »einer Art Massenflucht ergriffen« seien: »450 000 der insgesamt 1,8 Millionen SBB-Halbtaxabonnements gehören über Zweiundsechzigjährigen. Und zehn- bis zwanzigtausend weitere Betagte quetschen sich täglich in Reisebusse und hebeln dort geübt an der Sitz- und Belüftungsmechanik«, beschreibt die Journalistin Margrit Sprecher in ihrer Reportage die seltsame Reiselust der Alten. Doch offenbar macht nicht die pure Lust am Reisen die Alten so umtriebig. »Viele alte Menschen reisen, damit wenigstens etwas läuft, wenn sonst nichts mehr läuft«, stellt Margrit Sprecher fest und meint: »Die meisten alten Menschen reisen nicht, um ein Ziel zu erreichen, sondern um unterwegs zu sein. (...) Die meisten alten Menschen fahren Zug, weil ihnen die Aussicht auf einen zuhörwilligen Mitpassagier wichtiger ist als die Aussicht aus dem Fenster: wenigstens hier wahrgenommen werden, wenn ihnen sonst niemand mehr Beachtung schenkt.« Da ist die SBB – die Schweizer Bundesbahn – offenbar gerade das richtige. Aber auch die Busse haben ihre Dauerkundschaft. Wo »längst jeder das Schicksal des anderen kennt« fühlt man sich wohl fast wie unter Freunden. Aber eben nur fast. »Zielloser Bewegungsdrang«, um »Leere, Zweifel und Enttäuschung zu verdrängen« – auch das ist ein Reisegrund. Was die Alten daheim erwartet, ist trist. Sprecher nennt es »eine Betongruft mit leerem Ehebett« oder »eine Altersheimwabe«. Dann schon lieber unterwegs sein. Und erst zurückkommen, wenn die Fernsehserie beginnt, die den Abend wenigstens unterhaltsam verkürzt.

Sprechers bitterer Bericht trifft sicher nicht nur auf die Schweizer Senioren zu. Er zeigt ganz allgemein die Kehrseite der Medaille. Nicht alle, die scheinbar so munter und beweglich sind, verlassen ihre Bleibe aus purer Unternehmungslust: »Mancher flieht auch nur von einer Einsamkeit in die andere.« Das, was da geschieht, ist im wahrsten Wortsinn ein Zeit-Vertreib. Vierundzwanzig Stunden müssen bewältigt werden, das Schlafen abgerechnet, aber soviel Schlaf finden sie gar nicht mehr. Ja, auch dieses hektische Hin und Her fällt unter den Begriff »Reisen«. Reisen als kleineres Übel. Daheimbleiben wäre schlimmer.

Ins Reisen flüchten sich freilich nicht nur die Älteren und Alten, auch Jüngere tun das gelegentlich, wenn sie Zeit dafür finden. Aber das ist es eben: die Alten *haben* Zeit! Und genau davor flüchten sie. Für sie gilt nicht, auf einer Reise mit einem bestimmten Problem fertig zu werden, einen Konflikt zu bewältigen, mit sich ins reine zu kommen. Ihr Problem ist anscheinend nicht mehr aus der Welt zu schaffen, an ihrer Situation wird sich nichts mehr ändern. Sie erwarten das auch gar nicht. Für sie heißt es nur noch, ihre Zeit abzusitzen. Im Zug, im Bus oder in der leeren Wohnung. Da ziehen sie dann eben das öffentliche Verkehrsmittel vor.

Sprechers Reportage hat mich deshalb so beeindruckt, weil ich glaube, daß sie hier nicht nur eine kleine extreme Gruppe schildert. Ich fürchte, es ist immer noch die Mehrheit, die dem Alter nichts abgewinnen und entgegensetzen kann. Diese Alten, die versuchen, sich der Tristesse ihres Lebens durch Flucht zu entziehen, auf diese oder jene Weise, haben tatsächlich irgendwann den Zug verpaßt. Sie haben es versäumt, sich rechtzeitig auf ihr Altern einzustellen, haben den Zugang zu sich selbst vermauert und sind in eine Einsamkeit geraten, aus der sie keinen Ausweg mehr finden. Was da zwischen Genf–Rorschach oder Basel–Chiasso oder zwischen Hamburg–Münster hin- und herreist, ist nur die Spitze des Eisbergs. Ganz richtig, »die« Alten gibt es nicht, ganz richtig, jede wird anders alt. Aber Tatsache bleibt, daß eine immer noch zu große Zahl von Alten dieses Alter auf höchst deprimierende Art erlebt.

Reisen als uneingestandene Flucht vor der Einsamkeit, die elegante Lösung: ein bißchen trifft das wahrscheinlich auch für die mit Freude und Lust vorbereiteten echten Reisen der Älteren und Alten zu. Aber nur ein bißchen. Und so uneingestanden auch wieder nicht. Wer allein lebt, gibt sicher unumwunden zu, daß er mal einen Tapetenwechsel und das Zusammentreffen mit neuen Menschen braucht. Nicht, daß einem daheim die Decke auf den Kopf fällt, aber man braucht eine Veränderung. Dafür ist Reisen genau das richtige.

Manche Leute gehen nach ihrer Pensionierung erst einmal lange auf Reisen. Kleine Fluchten? Jedenfalls ein guter Trick, sich an die neue Lebenssituation zu gewöhnen. Und dabei die Erkenntnis zu gewinnen, wie herrlich es ist, jetzt frei bestimmen zu können, wie lange, wie oft und zu welcher Jahreszeit man reisen will. Mit keinem Chef, mit keiner Kollegin muß mehr über die Ferien abgestimmt werden. Eine neue Freiheit tut sich auf, natürlich nicht nur, was das Reisen angeht. Doch über das Reisen kriegt man am besten und schnellsten mit, daß man unabhängiger geworden ist. Das macht später das Heimkommen leichter.

Mit Reisebekanntschaften ist das so eine Sache. Viele Menschen haben davor einen Horror und gehen ihnen, so gut sie können, aus dem Weg (siehe Tante Inge!). Ich finde, man sollte das nicht so eng sehen. Natürlich gibt es Leute, die, kaum hat man ein paar freundliche Worte mit ihnen gewechselt, zu Kletten werden. Sie ohne allzu große Unhöflichkeit wieder abzustreifen, fällt oft schwer. Aber meiner Erfahrung nach ist diese Sorte doch eine Minderheit. Den meisten Alleinreisenden geht es wahrscheinlich wie mir, sie mögen hin und wieder ein Gespräch, vielleicht auch einen gemeinsamen Spaziergang oder Kinobesuch. Wenn sich gar herausstellt, daß Frau A. genauso ein Fan klassischer Musik ist wie Frau B., erwächst da eine Interessengemeinschaft, die womöglich die Ferien überdauert. Doch solche Glücksfälle sind nicht die Norm. Es reicht ja auch schon, hin und wieder über dies und das miteinander zu plaudern. Zu denen, die auf Reisen grundsätzlich

Auster spielen, gehöre ich jedenfalls nicht. Ich will zwar meine Ruhe haben, aber das hindert mich nicht daran, zum Beispiel abends an der Hotelbar (so vorhanden) oder sonstwo an einem gemütlichen Platz noch einen Schlummertrunk zu genießen. Nein, *nicht* auf meinem Zimmer. Ich will Leute angucken und neugierig, wie ich bin, ein bißchen belauschen, was sie sich so erzählen. Bargespräche können sehr interessant sein! Und wieder einmal stelle ich fest, daß mein fortgeschrittenes Alter von Vorteil ist. Niemand wird mir wohl mehr unterstellen, ich sei auf Männerfang aus (und wenn ich's wäre, warum nicht?). Bei häufigerem Barbesuch werden die Leute höchstens vermuten, ich sei eine Gewohnheitssäuferin.

Manchmal wüßte ich zwar schon gern, was sie so denken, aber es stört mich nicht, was immer sie denken mögen. Auf jeden Fall schützt mich mein nicht zu übersehendes Alter vor der Zudringlichkeit von Männern, die sich einbilden, jede Solo-Reisende habe nur auf sie gewartet. Andererseits aber kann ich, ohne mir das Geringste zu vergeben, mit Leuten männlichen und weiblichen Geschlechts ein Gespräch anfangen, sofern sie mir sympathisch scheinen. Ich bin schließlich eine nette alte Dame, mit der man ruhig ein paar höfliche Worte wechseln kann. Wenn sich aus so einem freundlichen Geplausch dann mehr ergibt, wenn die Sympathie auf Gegenseitigkeit beruht, kommt vielleicht eine Verabredung zustande. Wenn nicht, hatte ich einen netten Abend. So wird es in neun von zehn Fällen sein, und das genügt auch vollkommen. Wichtig scheint mir nur, keine Scheu davor zu haben, ein Gespräch mit Fremden anzufangen.

Bloß nicht das Reisen verlernen! Wer im Alter zu seßhaft

ist, wird bald unbeweglich, nicht nur körperlich. Ein winziger Hauch von Abenteuer, behaupte ich, ist bei jeder noch so unbedeutenden Reise dabei. Unvorhergesehenes kann sich auf dem Indien-Trip ereignen, aber auch auf der Drei-Tage-Reise nach Jarrenwisch (über Heide/Holstein!). Damit meine ich allerdings nicht die Risiken, die eine ganz normale bundesdeutsche Bahnfahrt gewöhnlich mit sich bringt. Der Ein- und Ausstieg ist für Ältere (gar nicht zu reden von Alten!) eine knochengefährdende Kletterpartie. Die Zugtüren öffnen sich noch lange nicht alle automatisch per Knopfdruck, viele erfordern Kraft und Balance. Wer gar einen Koffer mit sich führt, ist unweigerlich auf die Hilfe freundlicher Mitreisender angewiesen. Daß es keine Gepäckträger mehr gibt und die Gepäckwagen meistens am anderen Ende des Bahnsteigs stehen, wenn überhaupt: damit hat sich die Reisende bereits abgefunden. Die liebe Bundesbahn, die unsere Jahrgänge so freundlich mit Seniorenkarten lockt, weiß da offenbar auch nicht weiter. Motto: Reisen sollen die Alten, billiger sollen sie das Vergnügen auch haben, aber was den Reisekomfort angeht, sollen sie a Ruah geben! Ich meine allerdings, wir sollten das nicht. Stetes Meckern höhlt den Stein. Und die vorsintflutlichen Waggontüren sind schließlich nicht nur für Alte, sondern auch für manche jungen, behinderten Fahrgäste unzumutbar. Graue Panther & Co., brüllt los!
Doch das alles sollte uns nicht vom Reisen zurückhalten. Nur müssen wir uns angewöhnen, aufzumucken, wo Anlaß dafür gegeben ist. Keine falsche Bescheidenheit, ob wir nun eine Luxusreise nach Marokko antreten oder mit dem Eilzug in die Lüneburger Heide fahren wollen. »Mit

alten Leuten kann man's ja machen« – eben nicht! Margrit Sprecher teilt in ihrer Schweiz-Reportage mit, daß die reisebewegten alten Leute dort teilweise schon so »aufsässig werden wie englische Hooligans nach einem Fußballmatch. Bereits kursiert in Kondukteurkreisen das Wort vom ›Geronto-Rocker‹. Besonders gefürchtet ist die Strecke durch den Gotthard, wo Seniorengruppen den Speisewagen überfallartig kapern und sich nach dem dritten Bier weigern, die Fahrkarte zu zeigen.«
Geronto-Rocker. Das Wort gefällt mir. Jedenfalls finde ich es ermutigender als die Bezeichnung »Mumienkarte« für den Seniorenpaß. Auf der nächsten Reise können wir ja mal ausprobieren, wohin wir eher tendieren: zum Rokker oder zur Mumie.

17

Jetzt oder nie: Noch mal was Verrücktes tun

Dieses Kapitel kann ohne Bedenken überschlagen werden. (Mieser Trick, den Autoren gern benützen, die wollen, daß gerade dieser Teil ihres Werkes gelesen wird, und wissen, daß es jeder tut, wenn ihm davon abgeraten wird.) Aber im Ernst, ich glaube, ich schreibe es nur zu meinem eigenen Vergnügen und fürchte sehr, daß niemand, der es liest, Nutzen daraus ziehen kann. Oder womöglich doch? Erst einmal widerspreche ich mir mit dem, was ich jetzt schreibe, selbst. Niemand solle sich einbilden, daß er ausgerechnet im Alter etwas anfangen werde, wozu es ihn in seinen jüngeren Jahren zu keinem Zeitpunkt gedrängt hat, habe ich in einem anderen Buch behauptet. Dabei bleibe ich auch. Ich meine, im großen und ganzen stimmt das. Aber natürlich... irgendwann hat es wahrscheinlich bei jeder von uns Momente gegeben, wo wir gedacht haben: Jetzt einfach alles hinschmeißen! Jetzt unser Leben radikal verändern! Wie wäre das: Der Mann kommt abends nach Hause, und kein Essen steht auf dem Tisch, die Wohnung ist nicht aufgeräumt, die Hausfrau nicht auffindbar, und am Kühlschrank klebt ein Zettel »Tschüs, das war's!« Oder – klassisches Beispiel aus der Männerwelt: Statt Zigaretten zu holen wird das Weite gesucht, zur Abwechslung mal von *ihr* statt von ihm. Oder auf dem Schreibtisch des Chefs landet ein Aktenbündel mit der Erklärung: »Erledigen Sie das allein, mich sehen Sie hier nicht wieder, ich wandere aus.«

Solche wilden Gedanken haben (hoffe ich!) wohl auch die unermüdlichen Hausfrauen, die sich aufopfernden Arbeitsbienen, die total zuverlässigen Auf-mich-kannst-du-dich-verlassen-Typen irgendwann einmal gehabt, als sie jünger waren. Ich kann mir nicht vorstellen, daß es Menschen gibt, die noch nie in ihrem Leben den Wunsch gehabt haben, etwas Verrücktes zu tun – womit ich etwas meine, was in den Augen ihrer Mitmenschen nach Verrücktheit aussieht.

Aber schließlich sind wir mehr oder weniger zur Vernunft und Disziplin erzogen. Zur Pflichterfüllung. Zur Unterdrückung von Wünschen, deren Erfüllung gefährlich sein könnte, unsere einigermaßen sichere Existenz aufs Spiel setzen, unsere Familie in Verzweiflung stürzen. Also haben die meisten Leute (vornehmlich Frauen!) nur ein bißchen im stillen und geheimen mit der Verrücktheit gespielt, aber sie haben sich gehütet, Ernst zu machen. Im Laufe der Jahre ist das kleine, aufmüpfige Pflänzlein, das da aufkeimte, verdorrt. Aus, vorbei, kein Gedanke mehr daran. Doch, vielleicht erinnert sich die Pensionärin am Tage ihrer blumengeschmückten Verabschiedung aus der Firma lächelnd, daß sie irgendwann einmal, so zwischen dreißig und vierzig, mit dem Gedanken gespielt hat, alles aufzugeben und auszuwandern, vielleicht nach Australien. Oder wenigstens auf ein Jahr durch die Welt zu bummeln. Bloß so. Alle lächeln, als sie das erzählt, aber

eine jüngere Kollegin meint: »Das können Sie doch jetzt noch tun, oder?«
Das ist es eben. Solche Pläne, die ja nie wirkliche Pläne, sondern nur vage Träume waren, verwirklicht kaum noch jemand im Alter. Die Zeit ist verpaßt, heißt es. Den Schwung habe ich nicht mehr, sagen sie. Das trau ich mich nicht mehr, meinen sie zaghaft. Nein, das Pflänzchen ist verdorrt. Wiederbelebungsversuche sind zwecklos.
Aber es gibt Fälle – sie sind selten, zugegeben –, wo sozusagen noch ein Keim vorhanden ist. Wo nach Jahrzehnten ruhig, vernünftig, planvoll und unspektakulär dahingelebten Lebens auf einmal etwas ans Licht drängt, etwas Neues, Unvernünftiges, Unkalkulierbares. Und eines Tages sitzt unsere Pensionärin hellwach und mit strahlender Vorfreude in ihrer properen kleinen Wohnung und beschließt, etwas Verrücktes zu tun. Zum Beispiel den schon gebuchten Kuraufenthalt in Bad Bramstedt zu stornieren und statt dessen zweiundzwanzig Tage Neuseeland zu ordern. Sie ist bei vollem Verstand und in keiner wie immer gearteten manischen Phase. Sie wird nicht so verrückt sein, ihr gesamtes Erspartes auf die Rennbahn oder in ein Spielkasino zu tragen. Aber ein bißchen etwas riskieren möchte sie schon. Warum, zum Teufel, soll sie nach dem salbungsvoll moralischen Grundsatz verfahren: Das erben alles mal meine Kinder (Enkel, Nichten/Neffen, Freunde...). Vielleicht handelt sie nicht sehr moralisch, aber wenigstens ist sie ehrlich: Sie möchte noch mal ihren Spaß haben, auch wenn er was kostet. Das heißt nicht, daß es *immer* ein teurer Spaß sein muß. Aber häufig. Das ist ja unter anderem der Grund, weshalb die lieben Mitmenschen (die Familie) unge-

wöhnliches Tun als Verrücktheit bezeichnet. »Dafür hat sie nun Geld rausgeworfen, ist es zu fassen, man müßte es ihr verbieten...« Jaja, Vorsicht ist geboten – wer noch mal was Verrücktes tun möchte, darf nicht so lange damit warten, bis er das Alter erreicht hat, in dem ein Entmündigungsverfahren gute Erfolgschancen hätte.
Bleibt natürlich die Frage: Was *ist* eigentlich verrückt – immer in bezug auf eine, sagen wir, vielleicht Fünfundsechzigjährige. Die Vorstellungen davon divergieren. Verrücktheit oder nicht – das hängt weitgehend vom bisherigen Lebensstil der »alten Dame« ab. Frau X. ist ihr Leben lang im Urlaub über Österreich nicht hinausgekommen – jetzt auf einmal entschließt sie sich für den Himalaya und möchte an einer Annapurna-Umrundung teilnehmen. Die tickt doch nicht mehr richtig! Wie kann sie das machen, sagt die Familie, das ist doch viel zu anstrengend. Wenn dagegen Frau Y., die immer schon gern in der Welt herumkurvte, an einem Jak-Trekking in Tibet teilnehmen will, findet niemand etwas Verrücktes daran, obwohl Frau Y. auf die Siebzig zugeht. Verrückt, so dürfen wir vermuten, ist nur das bisher nie Getane, offenbar nie Gewünschte. Es müssen keine kostspieligen, aufwendigen Auslandsreisen sein. Die bescheidene graue Maus, die plötzlich ihr Interesse an schicker Mode entdeckt und sich auf ihre alten Tage ebenso auffallend wie (verhältnismäßig) teuer herausputzt, erregt ebenfalls Kopfschütteln und Mißtrauen. Was ist in sie gefahren? Und dann geht es wirklich mit ihr durch, sie kauft sich für sage und schreibe vierhundert Mark ein Hütchen bei einer ziemlich affigen Prominenten-Putzmacherin. Und das, obwohl sie jetzt als Pensionärin natürlich weniger verdient. Sie muß verrückt geworden sein!

Man kann sein Geld sinnvoller ausgeben, soviel ist sicher. Man könnte zum Beispiel Gutes damit tun – wegen der Moral und überhaupt. Aber nehmen wir mal an, daß die Pensionärin mit dem Vierhundert-Mark-Hütchen ihr Leben lang im Rahmen ihrer bescheidenen Möglichkeiten soviel Gutes getan hat, wie es ihr nur einigermaßen angemessen erschien. Keinen Spendenaufruf hat sie ausgelassen. Bei jeder finanziellen Hilfsaktion war sie dabei. Nun – Gott helfe ihr! – findet sie, daß es an der Zeit ist, ein Vierhundert-Mark-Hütchen zu besitzen. Sie ist fast sechsundsechzig Jahre alt, und Mode hat sie bisher nicht interessiert. Aber jetzt! Und plötzlich weiß sie, daß sie allerhand versäumt und allerhand nachzuholen hat.

Das Ausgefallene, das scheinbar Nicht-Sinnvolle ist das Verrückte, das Amoralische (»Was hätte man mit diesen vierhundert Mark nicht alles...«). Die Putzfrau und das Kleid von Dior – erinnern wir uns nur an Inge Meysel in einer ihrer Paraderollen. Man kann sein Geld auf seine alten Tage auch wunderbar verrückt verschwenden, indem man ein Wochenende im nobelsten Hotel in der eigenen Stadt verbringt. Das muß selbstverständlich ganz ohne Anlaß und solo geschehen – der Nicht-Anlaß ist wichtig, Geburtstag oder sonst ein wichtiges persönliches Datum wäre ja ein mildernder Umstand. Nein, schlichtweg nur so. An- und Abfahrt möglichst mit Taxe. Und das Ganze nicht schamhaft verschweigen, sondern fröhlich darüber reden. Verrückt, nicht wahr? Klar, solche Verrücktheiten setzen eine recht satte Rente, ein anständiges Firmen-Ruhegeld voraus, und viel zu wenige Frauen können sich solcher Annehmlichkeiten im Alter erfreuen.

Aber mir scheint, daß Frauen, ganz generell, eine Scheu davor haben, etwas für *sich* zu tun, wenn sie »alt« sind. Gerade dann setzt dieses Verzicht-Syndrom ein, dieses falsch bescheidene »Für mich ist das nicht mehr nötig«. Doch, es *ist* nötig! Und sie sollten jede Verrücktheit begehen, die sie sich nur irgend leisten können.
Aber dann ist da noch die bange Frage: Was werden die anderen dazu sagen? Seltsam, wie schwer es fällt, sich von diesem Problem freizumachen, auch wenn sich alle darüber klar sind, daß es keine Rolle mehr spielt, was »die anderen« sagen: Die Berufslaufbahn ist beendet, ins Privatleben, das nun beginnt, hat keiner mehr reinzureden. »Das kann ich mir in meiner Position nicht erlauben« gilt nicht mehr. Sie können! Wenn sie nur wollten. Aber sie ziehen es vor, weiter so zu leben wie bisher, unauffällig und zurückhaltend, bis an ihr seliges Ende.
Oh, daß sie sich doch trauten, einmal nur! Die sich getraut haben, sollten den anderen Mut machen. Ich habe eine Freundin, die eigentlich ihr Leben lang davon träumte, Schauspielerin zu werden, diesen Traum aber nie verwirklichte. Kurz vor ihrem sechzigsten Geburtstag wagte sie es, sich bei einer Laien-Schauspielergruppe zu bewerben. Es klappte. Nun steht sie neben ehemaligen und noch aktiven Friseusen, Bankkaufleuten, Sekretärinnen und Finanzbeamtinnen auf der Bühne und stellt entzückt fest, daß das Lampenfieber sie geradezu verjüngt und das Rollenlernen ihr Gedächtnis trainiert. In ihren Augen hat sie etwas sehr Verrücktes getan, etwas, das sie nicht einmal allen Freunden und Verwandten verraten hat.
Es hat natürlich keinen Zweck, danach zu schielen, was andere tun. Man kann keiner empfehlen: Tu doch mal dies,

mach doch mal das. Man kann nur, wie ich es hier zu tun versuche, dazu ermuntern, sich an Träume zu erinnern. Das reicht schon aus, um etwas in Gang zu setzen. Wenn nichts mehr in Gang kommt, war dann wohl wirklich nichts mehr da, sorry. Oder man versucht es später noch einmal, vielleicht fällt einem zwischen achtzig und neunzig doch noch etwas Verrücktes ein. Nur, wie gesagt, dann könnte die Gefahr bestehen, daß besorgte Mitmenschen eingreifen.

Ich war sechzig und noch voll im Beruf, als ich mich nach reiflicher Überlegung, aber dennoch von heute auf morgen dazu entschloß, Sannyasin zu werden, Schülerin jenes sagenhaften Bhagwan, dessen Rolls-Royce-Flotte – ganz und gar verrückt – die Öffentlichkeit noch mehr erboste als seine respektlose Weltanschauung. Als ich zum erstenmal von Kopf bis Fuß in Rot und mit der Mala, einer Kette mit dem Bild meines Meisters, in der Redaktion erschien, glaubten einige Kollegen, ich mache mir einen Spaß mit ihnen oder habe mit dieser Verkleidung soeben eine hochdotierte Wette gewonnen. Als sie feststellen mußten, daß die Rotphase anhielt (und meine Beziehung zu Bhagwan die Rotphase, die 1985 endete, überdauerte), waren sie überzeugt davon, daß ich verrückt geworden war. Verrückt nicht in dem Sinne, daß ich meine Arbeit nicht mehr ordnungsgemäß würde tun können – aber etwas in mir mußte durchgedreht sein, ein Teil von mir war offensichtlich außer Kontrolle geraten. Es hieß: »Sie war doch immer so vernünftig und ausgeglichen.« Verwirrenderweise war ich immer noch ausgeglichen. Sie beäugten mich mit äußerstem Mißtrauen, stellten aber nur fest, daß ich rundum vergnügt war und mich geradezu verjüngt hatte. Eine Zeitlang ging das Gerücht um, ich hätte einen jungen

Liebhaber. Allmählich gewöhnten sie sich an das Rot in allen Schattierungen, an der Kette mit dem Medaillon guckten sie nach Möglichkeit vorbei, wie man es taktvoll vermeidet, auf ein körperliches Gebrechen zu starren. Ich büßte einige wenige Freunde ein (dafür traf ich auf viele neue), aber eigentlich ging es erstaunlich gut. Meine Mitmenschen fanden sich schließlich damit ab, daß ich verrückt geworden war. Im täglichen Umgang und was meine Arbeit betraf, schien ich ja immer noch ganz normal.

Das war (und ist) meine Verrücktheit. Ich habe sie mir ganz bewußt zum sechzigsten Geburtstag geschenkt, und ich habe sie nicht eine Sekunde bereut. Etwas Besseres hätte ich nicht für mich tun können. Aber vielleicht habe ich gar nichts getan, vielleicht ist es mir einfach passiert. Und passiert mir noch. Ich lasse es nur geschehen.

Natürlich haben nicht alle Verrücktheiten solche Langzeitwirkung. Der Sprung ins Unbekannte – das ist Sannyas – mag auch nicht ganz risikolos sein. Aber ich glaube, was immer wir auch an (vor allem für uns selbst) Unerwartetem tun: Ein wenig wird es unser Leben verändern. Sogar etwas scheinbar Banales. Sogar der verrückte Hut für vierhundert Mark kann ein solcher Auslöser sein. Die Frau, die ihn trägt, sieht sich plötzlich mit anderen Augen. Sie steht vorm Spiegel und stellt fest: Ach, *das* bin ich? So kann ich *auch* sein? Interessant, das habe ich ja gar nicht gewußt. – Und schon fängt sie an, sich ein bißchen mehr mit sich zu beschäftigen. Per Umweg über einen albernen Hut (Ich bin ja auf einmal eine ganz andere Frau!) beginnt die Reise nach innen. Sie fängt an, mit sich Bekanntschaft zu schließen, mit *sich*, nicht mit der Persönlichkeit, die sie bis zu diesem Zeitpunkt darstellte. Und wer da meint, das sei doch lächerlich, ein Hut könnte schließlich nicht zu inneren Erkenntnissen führen, der sei auf eine Zen-Weisheit hingewiesen, von der Osho, der Mystiker, spricht: »Mach keine Unterschiede zwischen Dingen, als wäre dieses trivial und jenes sehr, sehr spirituell. Achte auf alles. Es gibt kein ›Groß‹ und kein ›Klein‹. Sei aufmerksam, sei achtsam, und alles wird spirituell.«

Die kleine oder größere Verrücktheit, geboren aus einem längst verdrängten Traum von irgendwann, kann uns weiterführen. Schon deshalb rate ich jeder, sich im Rahmen ihrer Möglichkeiten das zu gönnen, was für sie unter die Rubrik »Verrücktheiten« fällt. Die meisten »Verrücktheiten« werden dabei eher bescheiden ausfallen. Wenn es ihr allerdings gelingen sollte, sich bis zur Exzentrik zu steigern, so kann sie sich nur beglückwünschen. Der amerikanische Psychologe David Weeks, der am Royal Edinburgh Hospital in Schottland arbeitet, hat sich (verrückt!) auf Verschrobenheiten und Marotten spezialisiert und sich unter den Exzentrikern in aller Welt umgesehen. Er will dabei festgestellt haben, daß Exzentriker sich nie langweilen und äußerst kreativ sind. Sie kümmern sich nicht im geringsten darum, was »die Leute« zu ihren Extravaganzen sagen. Wahrscheinlich gehört es zu ihrem Lebensstil, daß sie sich über das Gerede der Mitmenschen nur herrlich amüsieren. Sie haben, so David Weeks, mehr Spaß als andere und – sie leben länger. Aber nehmen wir uns nicht zuviel vor. Nehmen wir uns am besten gar nichts vor, lassen wir es einfach darauf ankommen, ob ein halb vergessener Traum wieder auftaucht. Wenn das passiert, entwickelt sich alles Weitere von ganz allein – wir müssen nur dafür bereit sein und es geschehen lassen.

18

Endstation: Altenheim. Oder?

Die zweiundachtzigjährige Witwe aus der Nachbarschaft meines Freundes Peter (einundsiebzig) gehört zu den eher gut Betuchten. Bis zum Tod ihres Mannes hat sie sich in ihrem Einfamilienhaus, gelegen in einem Villenviertel im Norden Hamburgs, durchaus wohl gefühlt, und die Hausarbeit wurde ihr nicht zuviel. Nachdem sie allein war, faßte sie den sicher vernünftigen Entschluß, das Haus zu verkaufen und in eine »Senioren-Residenz« zu ziehen, wo sie sich nach Wunsch selbst versorgen oder den Service des Hauses in Anspruch nehmen konnte. Mit dem neuen Zuhause war sie soweit zufrieden, sie hatte ja immerhin eigene vier Wände, ihr Reich für sich. Aber als ihr alter Nachbar sie dann einmal besuchte, äußerte sie sich mit sarkastischem Humor: »Wenn ich mal mittags oder abends im Restaurant des Hauses esse, krieg ich eine Gänsehaut. Da schiebt sich eine Schlange von Alten durchs Haus, und ich gehöre auch dazu. Es deprimiert mich einfach. So ein richtiges Alten-Getto.«
Ja, darauf läuft's hinaus, egal, wie elegant, komfortabel, neuzeitlich und anspruchsvoll so eine »Senioren-Residenz« auch sein mag. Die Alten sind unter sich bis zum

mehr oder weniger bitteren Ende. Wann immer sie ihr Apartment oder Zimmer verlassen, sie treffen auf Alte. Klar, wer kann und will, mag die »Residenz« ganz nach Wunsch verlassen. Aber wir wissen es schließlich: Die Nachbarschaft ist wichtig. Und sie läßt sich nicht umgehen. Wenn man auf nette Nachbarn in der Senioren-Residenz trifft, können gewiß auch Freundschaften entstehen. Solange die Insassin eines solchen Heimes einigermaßen gut beieinander ist, nach Belieben das Haus verlassen, reisen kann, hat sie sogar viele Vorteile gegenüber dem bisherigen Alleinwohnen. »Ich finde es ideal, die Tür jederzeit hinter mir zumachen und zu meinen Kindern nach Amerika fliegen zu können, unbesorgt, ob vielleicht Einbrecher mein Haus ausräumen oder der Garten verwildert«, erklärte eine alte Dame, Einwohnerin einer luxuriösen Senioren-Residenz, in einem Interview mit der »Frankfurter Allgemeinen Zeitung«. Und sie schwärmte: »Eigentlich bin ich von einer Villa in eine andere gezogen. Jetzt habe ich nur mehr eine kleine Zwei-Zimmer-Wohnung genau nach meinem Geschmack, meine eigenen Möbel und Teppiche, ich muß mich nicht ums Essen kümmern und um die Putzfrau, und meine Kinder muß ich auch nicht belasten, wenn die Kräfte noch mehr nachlassen.«
Das hört sich gut an und ist es sicher auch, aber natürlich kostet das seinen Preis. Die zufriedene alte Dame zahlte zunächst ein Darlehen von etwa vierzigtausend Mark »zur Erlangung des Wohnrechts« – eine Summe, die nach dem Tode der Bewohnerin zurückgezahlt wird, allerdings erst nach einem halben Jahr und zinslos, abzüglich der Renovierungs- und Reinigungskosten. Das war im Jahre 1987. Und ich gehe mal davon aus, daß der Spaß in den neunzi-

ger Jahren nirgendwo billiger geworden ist. In Heidelberg bietet das Wohnstift Augustinum (Träger: das Collegium Augustinum, ein evangelisches Sozialwerk, das inzwischen auch dem Diakonischen Werk angehört) nicht nur Komfort im eigenen Apartment, sondern auch ein umfangreiches kulturelles Programm. 1989 kostete ein Wohndarlehen zwischen 3400 und 64000 Mark. Der Monatsbeitrag einschließlich Mittagessen lag zwischen 1600 und 5000 Mark. Wer hier einziehen wollte, mußte mindestens 2200 Mark Pension oder Rente beziehen. »Wohnheim der Reichen« spöttelte denn auch der Volksmund. Doch schon zu dieser Zeit lagen die Preise für einen Platz in einem Altenheim der Kommunen oder Wohlfahrtsverbände – wenn man denn überhaupt einen bekam – zwischen 1500 und 2000 Mark pro Bett im Monat. Auch solche Plätze sind inzwischen teurer geworden. Doch natürlich – für was Besseres muß kräftig draufgezahlt werden. Und wer genug springen lassen kann, ist allemal besser dran als die anderen – auch was das Altenheim angeht.

Daß Altenheim nicht gleich Altenheim ist, darüber informiert mich eine Broschüre mit dem Titel »Ihre Rechte als Heimbewohner« (5. Auflage, Stand 1. August 1990, Herausgeber: das Bundesministerium für Jugend, Familie, Frauen und Gesundheit). Wir müssen, so erfahre ich, unter verschiedenen Spielarten unterscheiden, so zwischen a) dem Altenwohnheim, das aus abgeschlossenen einzelnen Wohnungen oder Apartments besteht. Hierher bringt jede ihre eigenen Möbel mit und kann so selbständig leben, wie sie will und in der Lage ist. Bei Bedarf, so heißt es in der Broschüre, können die Insassen »verpflegt und von ausgebildeten Helfern betreut werden«. Die zweite Möglichkeit ist b) das Altenheim. Dort finden ältere und alte Menschen Unterkunft, die einen eigenen Haushalt nicht mehr führen wollen oder können. Für Verpflegung und ärztliche Betreuung wird gesorgt, und es gibt Personal, das sich um die Bewohner kümmert. Pflegeabteilungen sind meist angeschlossen. Nicht in alle solche Heime kann man seine Möbel mitnehmen. Manche haben eingerichtete Zimmer. Für Alte, die dauernd gepflegt und betreut werden müssen, sind c) die Altenpflegeheime und Altenkrankenheime gedacht. Und schließlich wäre da noch das Heim für Behinderte zu nennen, das, wie es heißt, »behinderte Volljährige« nicht nur vorübergehend aufnimmt und betreut. Bei allen diesen Heimarten gibt es fließende Übergänge. Manche fassen auch gleich mehrere Wohnformen zusammen. Nennen können sie sich nach Wunsch: Stift, Wohnanlage, Seniorenresidenz, Seniorenheim.

Die Broschüre enthält eine Menge Informatives. Zum Beispiel auch den Vorschlag, ein »Probewohnen« mit dem Heim zu vereinbaren – manche machen das möglich. Eine lange Liste erinnert an das, was unbedingt gefragt, bedacht, worüber verhandelt werden muß, bevor man einen Wohnvertrag unterschreibt. Immer wieder wird darauf hingewiesen, daß der Heimbewohner in keiner Weise rechtlos ist, daß es ein 1990 neugefaßtes Heimgesetz gibt und eine Heimmitwirkungsverordnung (!). Ja, sogar ein aus Bewohnern gebildeter Heimbeirat soll in jedem Heim alle zwei Jahre gewählt werden. Seit 1991 kann anstelle des Beirats ein Heimfürsprecher einspringen. Dabei wird allerdings eingeräumt, daß die letzte Entscheidung über alle wesentlichen Fragen beim Leiter oder Träger des Heimes liegt. Auch das Thema Kosten bleibt in der Broschüre natürlich nicht unerwähnt. Mit Recht wird ausdrücklich darauf hingewiesen, daß Wohngelder ebenso wie Sozialhilfe keine Almosen sind: Wer die Kosten für einen Heimplatz aus eigener Tasche nicht voll bezahlen kann, sollte sich nicht genieren, den Weg zum Sozialamt anzutreten.

Ja, das liest sich alles gut. Was da drinsteht, klingt einleuchtend und ermunternd: Laßt euch nicht bange machen von den Schreckensgeschichten aus Altenheimen, solche Fälle sind Ausnahmen! Das ist wohl so, aber...

Und nun lassen wir die feinen Vorzeige-Residenzen, die fortschrittlichen Altenzentren wie das Hamburger Albertinenhaus, das Augustinum und andere einmal beiseite. Wer sich hier einkaufen kann, wer dort überhaupt einen Platz findet, kommt ganz gut über die Runden, schätze ich. Doch das steigende Angebot von komfortablen bis luxuriösen Altenwohnanlagen kann nicht darüber hinwegtäuschen, daß eine viel zu große Zahl alter, gebrechlicher und kranker Menschen nach wie vor auf das Nullachtfünfzehn-Altenheim, die triste Pflegestation angewiesen ist. Nur ein Beispiel von vielen: Im Pflegeheim Oberaltenallee in Hamburg lebt von rund fünfhundert Bewohnern knapp die Hälfte in Dreibettzimmern. Da können eigene Möbel natürlich nicht untergebracht werden, von Haustieren ganz zu schweigen, auch wenn Hund und Katze in Altenheimen neuerdings häufiger gestattet sind. Finanzschwache Alte können eben keine großen Ansprüche stellen. Die »Zeit« berichtete über ein Altenheim, in dem zwei Ordensschwestern und zwei Hilfspfleger fünfzig (!) alte kranke Männer versorgen. »Die Station ist

hoffnungslos überbelegt; Zwei- oder Dreibettzimmer bilden die Ausnahme. Um Platz für zusätzliche Betten zu schaffen, wurden die Kleiderschränke auf den Gang gestellt oder die Tische und Stühle entfernt...« Und auch das bemerkte der Reporter: »Nach der Essensausgabe am Mittag sehe ich, wie sich ein alter Mann mit einem Teller Suppe in der Hand in Richtung Frauenstation davonschleicht. Dort ist seine Ehefrau untergebracht. Der gemeinsame Mittagstisch gehört zu den wenigen Begegnungen der alten Leute, die vor ihrer Einlieferung fast fünfzig Jahre ihres Lebens gemeinsam verbracht haben.« Ein Einzelfall? Ganz untypisch? Wir machen es uns allzu leicht, wenn wir uns damit trösten. Und auch das sollte zu denken geben: »Bei den Personengruppen, die keine im Alter ausreichende Sicherung haben, handelt es sich vor allem um Frauen, die keine oder nur eine unzureichende Hinterbliebenenrente erhalten«, stellt die Sachverständigenkommission zur Erstellung des 1. Altenberichts der Bundesregierung fest. Nebenbei: Die Einkommensverhältnisse im Alter, eine wichtige Grundlage in der Altensicherungspolitik, sind nur ungenügend bekannt – auch dies eine Feststellung der Sachverständigenkommission.
So erfreulich es ist, daß hier und da etwas Neues entsteht, auch für die nicht Begüterten erreichbar – genügen tut es nicht. Da lese ich zum Beispiel von einem Angebot teilstationärer und stationärer Pflegeplätze im offenbar sehr fortschrittlichen Altenwohnzentrum »Marienstift« in Rheine/Ems. 1990 meldeten sich dreihundert Interessenten für so einen Heimplatz an: Siebzehn Plätze standen zur Verfügung. Der berühmte Tropfen auf dem heißen Stein.

Aber mit mehr Alten- und Pflegeheimen, wie gut sie auch immer geplant sein mögen, wäre es nicht einmal getan. Was dringend erforderlich wäre, steht ebenfalls im Bericht der Sachverständigenkommission: »Zur Unterstützung einer möglichst selbständigen Lebensführung auch bei eingeschränkter Gesundheit ist der Ausbau ambulanter Dienste erforderlich.« Ganz richtig, die Alternative zum Alten- und Pflegeheim ist an erster Stelle die sach- und fachgerechte Betreuung im eigenen Heim, in der gewohnten Umgebung. Doch ebendiese ambulanten Hilfsdienste sind hoffnungslos überfordert. Nicht nur in Urlaubszeiten. Was nützt da die Erkenntnis: »Die von den Sozialstationen sowie von den ambulanten Diensten ausgehenden Hilfen müssen erweitert werden. Nicht nur eine kontinuierliche Unterstützung in der körperlichen Pflege des Patienten ist unbedingt erforderlich, sondern auch psychologische Beratung.« Für ebenso erforderlich hält die Kommission die »Schaffung eines regionalisierten Angebotes an Rehabilitationsmöglichkeiten auch für Pflegeheimbewohner«. Und dann kommt der Alarmruf: »Die von den Heimen berichtete Zunahme schwerstpflegebedürftiger und insbesondere psychisch gestörter Bewohner erfordert dringend eine deutliche Vermehrung und bessere Qualifizierung des Personals.«
Das aber ist die Crux. Ob ambulante Dienste, ob Alten- oder Pflegeheime, ob staatlich, ob privat – der Personalmangel ist und bleibt verheerend. (Hierüber fand ich in der erwähnten Broschüre natürlich nichts.) Und hier liegt auch die Hauptursache für die schauerlichen Vorfälle in gewissen Heimen. Prozesse in jüngster Zeit bringen immer wieder ans Licht, was sich sattsam herumgesprochen

hat: In manchem Alten- und Pflegeheim läuft ein wahres Horrorszenario ab. Und das nicht, weil die Verantwortlichen allesamt teuflische Sadisten sind, sondern weil sie es nicht besser wissen, nicht besser können oder schlichtweg überfordert sind. Was tun mit »unruhigen«, desorientierten alten Menschen, wenn es an Pflegepersonal fehlt, das sich um sie kümmern müßte? Die Alten werden festgebunden, »fixiert«, wie es eleganter heißt, oder mit Beruhigungsmitteln vollgestopft. »Die Altenpflege als solche sitzt auf der Anklagebank«, erklärte ein Verteidiger bei einem Prozeß gegen die einstige Leiterin eines Alten- und Pflegeheimes in München, ein Prozeß, der mit dem Freispruch der Angeklagten endete, weil die Vorgänge in ihrem Haus »mit den Mitteln des Strafrechts nicht in den Griff zu bekommen seien« (der Staatsanwalt). Da es an Personal fehlte, mußten die Pflegerinnen gelegentlich putzen und kochen, oder die Putzfrauen und Küchenhilfen kümmerten sich um die alten Patienten. Nachts war außer der Heimleiterin überhaupt kein Pflegepersonal vorhanden. Einen besonderen Befähigungsnachweis hatte die Frau zur Führung ihres Altenheims nicht gebraucht. Und für ein Berufsverbot fand das Gericht keine rechtliche Handhabe. Wenn sie will, darf sie also wieder. Es findet sich gewiß eine neue Klientel. Wem graust da nicht?

Doch von solchen schlimmen Auswüchsen abgesehen – die Situation alter Patienten auf Pflegestationen ist generell gelinde gesagt heikel. Der sogenannte »knappe Personalschlüssel« staatlicher Pflege- und Altenheime bringt es mit sich, daß für die alten Menschen auf den Pflegestationen schon zwischen neunzehn und zwanzig Uhr die Schlafenszeit beginnt. Wenn sie dann spät in der Nacht wach werden und bleiben, wird die vermeintliche »Schlafstörung« mit Medikamenten bekämpft. Niemand protestiert – wer sollte auch? Inge Lüders vom Diakonischen Werk Hamburg, Betreuerin von über vierzig Alten- und Pflegeheimen im Raum Hamburg, meinte in einem Interview: »Die Alten in den Heimen sind zu schwach und zu ängstlich, die Angehörigen haben ein schlechtes Gewissen, die Mitarbeiter sind überanstrengt, und die Ärzte sind zufrieden, wenn sie Symptome behandeln können. Und die Sozialpolitiker? Von denen hört man in diesem Zusammenhang kaum etwas.«

Daß es anderswo in Altenpflegeheimen besser und menschenfreundlicher zugeht als in Deutschland, sollte den Zuständigen zu denken geben. In den Niederlanden zum Beispiel ist man in Sachen Altenpflege erheblich weiter; in deutschen Altenpflegeheimen müssen achtundzwanzig Prozent aller Bewohner ständig im Bett liegen, in Holland weniger als zehn Prozent. Tagespflegeplätze, die wesentlich zur Entlastung pflegender Angehöriger beitragen, gibt es dort ebenfalls mehr.

Der dringende Ruf nach mehr Pflegepersonal – die Lage hat sich durch die neuen Bundesländer noch verschärft – wird ohne Echo bleiben, solange auch gut geschulte Kräfte in Altenheimen und Krankenhäusern eher unterbezahlt werden. Wer sich zur Altenpflege entschließt, hat bei uns von Anfang an schlechte Karten. Für Altenpflegeschüler gibt es keine Ausbildungsvergütung, ja nicht einmal eine bundeseinheitliche Ausbildung. So, als sei die Altenpflege eine Tätigkeit, die sich von selbst erlernt: Hauptsache, man bringt das nötige Maß an Nächstenliebe und Idealismus mit. Aber auch Idealisten müssen ja keine Dummköpfe sein, die sich unter Wert verkaufen. »Anders als in barer Münze kann sich nun mal in unserer von Mark und Pfennig regierten Wirtschaft und Gesellschaft Anerkennung und Würdigung eines Berufs nicht widerspiegeln«, gab eine frustrierte junge Altenpflegerin in einem Leserbrief an die »Frankfurter Allgemeine Zeitung« zu bedenken. Unsere Lage – mit »uns« meine ich die heute Siebzig- bis über Achtzigjährigen – ist nicht gerade rosig, falls wir uns nicht den Idealplatz in einer schicken Senioren-Residenz oder in einem fortschrittlich geführten Wohnstift leisten können. Gar nicht davon zu reden, was möglicherweise auf uns zukommt, wenn wir ein echter Pflegefall werden. Manchmal kommt ans Licht, was sich da in ganz normalen Krankenhäusern abspielt, wo sehr alte und schwer leidende Menschen dahinvegetieren. In einem Leserbrief an die »Frankfurter Allgemeine Zeitung« las ich: »Die zunehmende Auslastung der Krankenstationen mit hochbetagten und todkranken Menschen fördert so eine ablehnende Haltung, die leicht den Patienten zum Feind werden läßt. Das erschütternde Ergebnis dieser Entwicklung lernte ich zehn Tage in einem mit alterskranken Patienten voll belegten Vierbettzimmer kennen. Es fehlte jede Ansprache, jegliche Körperpflege, jegliche die persönliche Körperlage erleichternde Zuwendung, die über das Notwendigste hinausging. Die häufig ungeeigneten Essen (ein ganzes Schnitzel für einen handlungs- und kauunfähigen Patienten) wurden kommentarlos an die Betten gerückt... Die Hölle aber bereiteten sich die Patienten untereinander durch fortwährendes Stöhnen, Klagen, ungehörte Hilferufe nach Gott und Angehörigen, durch Schnarchen, pausenloses Reden, Gewaltandrohung, schlaflose Näch-

te, penetranten Geruch... Diese zehn Tage des Miterlebens eines menschenunwürdigen Siechtums haben eine tiefe Erschütterung in mir hinterlassen und ein Verständnis für die Abstumpfung des Personals aufkommen lassen...«
Wie war das doch – wir sollen uns nicht bange machen lassen von irgendwelchen Horrormeldungen? Und das Schlimmste ist: Diese Dramen spielen sich keineswegs hinter verschlossenen Türen ab. Hier muß sich sofort und auf der Stelle etwas ändern, von einer besseren Zukunft haben die unglücklichen Alten auf diesen Stationen nichts mehr. Sofort und auf der Stelle – das schreibe ich so und weiß doch, daß nichts geschehen wird, schon gar nicht sofort. O ja, ich weiß, warum ich Mitglied der – egal, wie umstrittenen – Gesellschaft für humanes Sterben bin!
Human – diesen Begriff kann man im Hinblick auf solche Altenpflege vergessen. Human wäre auch, wenn den alten Menschen grundsätzlich die Möglichkeit geboten würde, da zu bleiben, wo sie sind: zu Hause. Nur bitte eben nicht auf Kosten von Töchtern und Schwiegertöchtern, von Frauen, die sich bei der Pflege oft ohne jede Hilfe fast zu Tode rackern. Erinnern wir uns: Etwa neunzig Prozent der pflegebedürftigen alten Menschen werden von Familienangehörigen (Frauen!) gepflegt.
Der hier immer wieder zitierte Altenbericht der Bundesregierung nennt die Schwachstellen der ambulanten Altenbetreuung immer wieder sehr präzise. Der Mangel an Personal. Wir wissen Bescheid. »Grenzen ambulanter und offener Altenhilfe werden in quantitativer und qualitativer Hinsicht durch den Personalbestand gesetzt«, heißt es da. Wohl wahr! Und: »Wie Modelle gezeigt haben, kann durch personelle Aufstockung von Sozialstationen bei

mehr Menschen die Umsiedlung in eine Heim vermieden werden.« Kann! Eine andere Möglichkeit wäre die Integration von offener und stationärer Versorgung. Auch werden »Überlegungen angestellt, Angehörige in die Pflege im Heim mit einzubeziehen«. Damit, so die Ansicht der Sachverständigen, verwischten sich die Grenzen stationärer und ambulanter Versorgung, und es wäre möglich, daß sich in Zukunft die Frage des Entweder-Oder für immer weniger Menschen stellte. Könnte. Würde. Wäre. Und alles wird immer wieder daran scheitern, daß der Pflegeberuf für immer mehr Menschen immer weniger attraktiv wird...

Aber seien wir mal optimistisch und nehmen wir an, da besserte sich etwas. Mehr Geld, mehr soziales Ansehen, mehr Freizeit für Berufspflegerinnen und Pfleger. Keine bedrohlichen Engpässe mehr. Selbst dann meine ich: Altenheime in ihrer jetzigen Form haben sich überlebt und werden hoffentlich schon in naher Zukunft so vorsintflutlich erscheinen wie Kinderbewahranstalten oder Besserungsheime für gefallene Mädchen. Wir brauchen keine Gettos; weil wir alt sind, müssen wir uns doch nicht in Quarantäne begeben. Das Prinzip der Senioren-Residenzen und offenen Wohnanlagen mit Pflegemöglichkeit ist ja schon gut und vernünftig und in jedem Fall dem alten Altenheim vorzuziehen. Doch warum solche »Residenzen« ausschließlich für Senioren? Warum nicht auch als Wohnmöglichkeit für Jüngere? Hier wäre doch eine Möglichkeit, Alt und Jung zu mischen – es gibt bestimmt Paare und Singles, zwischen dreißig und fünfzig, die an solchem Wohnstil Gefallen fänden.

Überlegt niemand, wie wichtig so ein Miteinander wäre?

Doch, es gibt solche Überlegungen – wenn auch nicht unbedingt bei den Errichtern von Senioren-Residenzen. Das Miteinander von Jungen und Älteren haben die im Auge gehabt, die das Leben im Alter eben nicht isoliert betrachten. Die aufmüpfige Organisation der »Grauen Panther« zum Beispiel sagt den Altenheimen alten Typs den Kampf an: ihr Konzept ist das »generationsübergreifende Wohnen«. Danach sollen Alt und Jung, Familien und Alleinlebende, unter einem Dach zusammenkommen, zwar in eigenen Wohnungen, aber im Bedarfsfall füreinander da. In Hamburg hat sich das erste Haus dieser Art, mit Bewohnern zwischen drei und einundneunzig Jahren, bereits bewährt, zwei weitere Häuser sind im Bau. Ähnliches geschieht in anderen Städten. Leider hat sich in der Vergangenheit die öffentliche Hand bei vielen ungewöhnlichen Projekten als Störfaktor erwiesen. Was gegen die Richtlinien ist, erscheint von vornherein suspekt. Aber dieser Widerstand sollte sich überwinden lassen – und was die Grauen Panther angeht, habe ich da keine Sorge.

Auch »Alten-Wohngemeinschaften« kommen in Mode; zwar sind auch hier wieder Senioren unter sich, aber das Wohnen ist lässiger, individueller und weniger steril als in einem Altenheim; der einzelne wird mehr gefordert und ist trotzdem in besserer Obhut als in der Isolation einer eigenen Wohnung. Doch vor allem die Mischung Jung und Alt scheint sich zu bewähren: eine Großfamilie neuen Typs entsteht, und daß keine verwandtschaftlichen Bindungen verpflichten, macht dieses Projekt wahrscheinlich für viele besonders attraktiv.

Es ist also einiges in Bewegung gekommen, das schon. Aber damit es in Bewegung bleibt, müssen wir dranbleiben, und mit »wir« meine ich alle, die es betrifft, die sogenannten Älteren, die jungen Alten, die neuen Alten, Alte aller Kategorien sozusagen (und Jüngere sind in diesem Verein herzlich willkommen!). In diesem Zusammenhang wird es auch wichtig sein, im Auge zu behalten, was die Bundesregierung mit dem »1. Altenbericht der Sachverständigenkommission« tatsächlich vorhat. Wir wissen ja, daß die Damen und Herren Minister zur Zeit mit einem Haufen von Problemen voll beschäftigt sind, und die Befürchtung liegt nahe, daß so ein umfangreicher Bericht zur Kenntnis genommen, gelesen und mit einem »Aha« beiseite gelegt wird – ohne daß sich irgend etwas tut. Wann, frage ich mich, werden wohl die von der Kommission geforderten Lehrstühle für Gerontologie, Geriatrie und Psychogeriatrie an den wissenschaftlichen Hochschulen eingerichtet? Wann wenigstens einige der ebenfalls geforderten Präventivmaßnahmen gegen körperliche und psychische Krankheiten im Alter ergriffen? Wir sollten uns dafür interessieren. Wir sollten nicht träge abwarten, weil wir meinen, das alles ginge uns vorläufig ja noch nichts an. Diese Haltung könnte uns einmal leid tun. Und es ist ja nicht so, daß wir vollkommen hilflos sind. Es gibt Verbände, die sich für die Belange von alten Menschen einsetzen und stark machen, aber nur zwanzig Prozent der Alten und Älteren sind dort organisiert. Ja, ja, ich bin da auch kein Mitglied. Ich hab gut reden mit meinen Moralpredigten. Aber immerhin sehe ich ein: Man muß kein Vereinsmeier sein, um dort mitzumachen, und man sollte es.

Wir müssen uns schon selbst bemühen, wenn kein Stillstand eintreten soll. Mit der wehleidigen Feststellung, daß alte Menschen halt keine Lobby haben, ist es nicht getan, damit machen wir, die wir noch fit genug sind, um auf den Putz zu hauen, uns die Sache zu einfach. Wir können uns diese Lobby schaffen, wir müssen nur unermüdlich und stur nachbohren, nachfragen, nachhelfen und auch ein bißchen erfinderisch und phantasievoll sein. Es muß sich schließlich herumsprechen, daß wir gemeinsam unausstehlich sind. Das alte Mütterchen, das mit feuchten Augen dem prominenten Politiker zulächelt, ist mega-out. Künftig wird sie ihm lieber ihre Meinung sagen und mit ihren berechtigten Forderungen nicht hinterm Berg halten. Wir sind ja auch Wählerinnen und Wähler – ungeachtet unseres Alters. Endlich mal ein Vorteil: man kann zum Wählen zu jung, aber niemals zu alt sein – das ist wie bei der nach oben offenen Richterskala für Erdbeben. Wir könnten die Erde schon ganz nett beben lassen, wenn wir wollten – schließlich werden wir ja immer mehr. Was für eine phantastische Macht hätten wir da in den Händen! Nicht auszudenken, was passieren könnte, wenn wir, statt die monolithischen konservativen Parteiblöcke zu unterstützen, plötzlich radikal wählen würden! Was würden die da oben blöd gucken, wenn auf diese Weise plötzlich der Herr Gysi oder die Frau Kelly oder, Gott behüte, gar die Frau Ditfurth ans Ruder käme! Nein, nein, ich weiß, soviel Verrücktheit – siehe Kapitel 17 – riskieren wir nicht. Aber man wird ja wohl noch ein bißchen herumspinnen dürfen.

Neue alte Frauen braucht das Land. Wir wollen uns doch nicht nachsagen lassen, wir hätten es nicht anders gewollt.

Adressen, die wichtig sein können

Presse- und Informationsamt der Bundesregierung
Postfach · 5300 Bonn 1

Hier können Sie kostenlos Broschüren aus der Reihe Ratschläge und Hinweise anfordern, zum Beispiel über Renten- und Alterssicherung, Recht im Alltag, Wohnen, Gesundheit im Alter.

Bundesseniorenvertretung
Severinstraße 39 · 5000 Köln 1

Mehr als 240 Seniorenvertretungen nehmen sich der Bedürfnisse und Interessen älterer Menschen an. Diese Vertretungen sind überparteilich und überkonfessionell.

Kuratorium Deutsche Altershilfe
An der Pauluskirche 3 · 5000 Köln 1

Informationen und Ratschläge für Hilfe und Pflege im Alter, für Betreuung und Versorgung im Hause.

Bundeszentrale für gesundheitliche Aufklärung
Postfach 91 01 52 · 5000 Köln 1

Informationen zur richtigen Ernährung im Alter

Interessengemeinschaft der Bewohner von Altenwohnheimen, Altenheimen und gleichartigen Einrichtungen e. V.
Vorgebirgsstraße 1 · 5357 Swisttal-Heimerzheim

Deutscher Seniorenring e. V.
Schumannstraße 20 · 4000 Düsseldorf 1

Alt hilft Jung e. V.
Kennedy-Allee 62–70 · 5300 Bonn 2

Fachmänner und -frauen der älteren Generation können hier Jüngere beraten, zum Beispiel bei Existenzgründungen. Eine ehrenamtliche Tätigkeit, die viel Spaß machen könnte.

Wissensbörse Berlin · Ingeburg Seldte
Karlsruher Straße 11 · 1000 Berlin 31

Wissensbörse Celle · Marie-Luise Kluge
Postfach 52 · 3100 Celle 1

Hier werden Kontakte zwischen älteren und jüngeren Menschen vermittelt, die Kenntnisse weitergeben und austauschen wollen.

Geschäftsstelle der Bundes-Solidar-Gemeinschaft
der älteren Generation e. V.

Postfach 100665 · Friedrich-Ebert-Straße 3/I · 3500 Kassel 1

Lebensabend-Bewegung
Bundesarbeitsgemeinschaft der Landesverbände
der Lebensabend-Bewegung · Helmut Kirsebauer
Bödeckerstraße 85 · 3000 Hannover

Dr. Joachim Gräff
Mathildenstraße 18 · 6600 Saarbrücken

Kölner Seniorengemeinschaft
für Sport und Freizeitgestaltung e. V.
Anton-Antweiler-Straße 10 · 5000 Köln 41

Wenn Sie Interesse an einer Seniorengruppe im örtlichen Turn- und Sportverein haben oder selbst eine solche Gruppe gründen wollen, lassen Sie sich informieren. Bei Anfragen bitte frankierten Rückumschlag nicht vergessen!

Kulturarbeit mit Senioren
Freie Werkstatt-Theater e. V.
Zugweg 20 · 5000 Köln 1

Hier erfahren Sie, wie man zum Beispiel eine Theatergruppe gründen kann. Dieses Fort- und Weiterbildungsprojekt wird vom Bundesministerium für Bildung und Wissenschaft gefördert.